TRANZLATY

Sprache ist für alle da

ภาษาเป็นสิ่งที่ทุกคนต้องการ

Das Kommunistische Manifest

แถลงการณ์คอมมิวนิสต์

Karl Marx
&
Friedrich Engels

Deutsch / ไทย

Published by Tranzlaty
ISBN: 978-1-80572-344-8
Original text by Karl Marx and Friedrich Engels
The Communist Manifesto
First published in 1848
www.tranzlaty.com

Einleitung

แนะ นำ

Ein Gespenst geht um in Europa – das Gespenst des Kommunismus

ผีกำลังหลอกหลอนยุโรป — ผีของลัทธิคอมมิวนิสต์

Alle Mächte des alten Europa sind eine heilige Allianz eingegangen, um dieses Gespenst auszutreiben

มหาอำนาจทั้งหมดของยุโรปเก่าได้เข้าร่วมเป็นพันธมิตรอันศักดิ์สิทธิ์เพื่อขับไล่ผีนี้

Papst und Zaren, Metternich und Guizot, französische Radikale und deutsche Polizeispione

สมเด็จพระสันตะปาปาและซาร์, Metternich และ Guizot, หัวรุนแรงฝรั่งเศสและสายลับตำรวจเยอรมัน

Wo ist die Oppositionspartei, die von ihren Gegnern an der Macht nicht als kommunistisch verschrien wurde?

พรรคฝ่ายค้านที่ไม่ถูกประณามว่าเป็นคอมมิวนิสต์จากฝ่ายตรงข้ามที่มีอำนาจอยู่ที่ไหน?

Wo ist die Opposition, die nicht den Brandvorwurf des Kommunismus gegen die fortgeschritteneren Oppositionsparteien zurückgeschleudert hat?

ฝ่ายค้านที่ไม่ได้โยนคำตำหนิของลัทธิคอมมิวนิสต์กลับไปกับพรรคฝ่ายค้านที่ก้าวหน้ากว่าอยู่ที่ไหน?

Und wo ist die Partei, die den Vorwurf nicht gegen ihre reaktionären Gegner erhoben hat?

และพรรคที่ไม่ได้กล่าวหาศัตรูปฏิกิริยาอยู่ที่ไหน?

Aus dieser Tatsache ergeben sich zweierlei

สองสิ่งเป็นผลมาจากข้อเท็จจริงนี้

I. Der Kommunismus wird bereits von allen europäischen Mächten als eine Macht anerkannt

I.ลัทธิคอมมิวนิสต์ได้รับการยอมรับจากมหาอำนาจยุโรปทั้งหมดว่
าเป็นมหาอำนาจ

II. Es ist höchste Zeit, dass die Kommunisten ihre Ansichten, Ziele und Tendenzen offen vor der ganzen Welt offenlegen

II. ถึงเวลาแล้วที่คอมมิวนิสต์ควรเผยแพร่มุมมอง จุดมุ่งหมาย

และแนวโน้มของตนอย่างเปิดเผยต่อหน้าคนทั้งโลก

sie müssen diesem Kindermärchen vom Gespenst des Kommunismus mit einem Manifest der Partei selbst begegnen

พวกเขาต้องพบกับเรื่องราวของผีคอมมิวนิสต์นี้ด้วยแถลงการณ์ขอ

งพรรคเอง

Zu diesem Zweck haben sich Kommunisten verschiedener Nationalitäten in London versammelt und folgendes Manifest entworfen

ด้วยเหตุนี้

คอมมิวนิสต์จากหลากหลายเชื้อชาติจึงรวมตัวกันที่ลอนดอนและร่

างแถลงการณ์ต่อไปนี้

Dieses Manifest wird in deutscher, englischer, französischer, italienischer, flämischer und dänischer Sprache veröffentlicht

แถลงการณ์นี้จะตีพิมพ์ในภาษาอังกฤษ ฝรั่งเศส เยอรมัน อิตาลี

เฟลมิช และเดนมาร์ก

Und jetzt soll es in allen Sprachen veröffentlicht werden, die Tranzlaty anbietet

และตอนนี้กำลังจะตีพิมพ์ในทุกภาษาที่ Tranzlaty นำเสนอ

Bourgeois und Proletarier
ชนชั้นนายทุนและชนชั้นกรรมาชีพ

Die Geschichte aller bisherigen Gesellschaften ist die Geschichte der Klassenkämpfe
ประวัติศาสตร์ของสังคมที่มีอยู่ทั้งหมดจนถึงปัจจุบันคือประวัติศาสตร์ของการต่อสู้ทางชนชั้น

Freier und Sklave, Patrizier und Plebejer, Herr und Leibeigener, Zunftmeister und Geselle
อิสระและทาสขุนนางและชาวพลีเบียนขุนนางและทาสหัวหน้ากิลด์และนักเดินทาง

mit einem Wort, Unterdrücker und Unterdrückte
พูดได้คำเดียวคือผู้กดขี่และถูกกดขี่

Diese sozialen Klassen standen in ständiger Opposition zueinander
ชนชั้นทางสังคมเหล่านี้ยืนหยัดต่อต้านกันอย่างต่อเนื่อง

Sie führten einen ununterbrochenen Kampf. Jetzt versteckt, jetzt offen
พวกเขาต่อสู้อย่างต่อเนื่อง ตอนนี้ซ่อนแล้ว ตอนนี้เปิดอยู่

Ein Kampf, der entweder in einer revolutionären Rekonstitution der Gesellschaft als Ganzes endete
การต่อสู้ที่จบลงด้วยการปฏิวัติรัฐธรรมนูญของสังคมโดยรวม

oder ein Kampf, der im gemeinsamen Ruin der streitenden Klassen endete
หรือการต่อสู้ที่จบลงด้วยความพินาศร่วมกันของชนชั้นที่ขัดแย้งกัน

Blicken wir zurück auf die früheren Epochen der Geschichte
ให้เรามองย้อนกลับไปในยุคก่อนหน้าของประวัติศาสตร์

Wir finden fast überall eine komplizierte Einteilung der Gesellschaft in verschiedene Ordnungen

เราพบเกือบทุกที่การจัดเรียงที่ซับซ้อนของสังคมออกเป็นระเบียบต่างๆ

Es gab schon immer eine mannigfaltige Abstufung des sozialen Ranges

มีการไล่ระดับอันดับทางสังคมที่หลากหลายเสมอ

Im alten Rom gibt es Patrizier, Ritter, Plebejer, Sklaven

ในกรุงโรมโบราณเรามีขุนนางอัศวินชาวธรรมดาทาส

im Mittelalter: Feudalherren, Vasallen, Zunftmeister, Gesellen, Lehrlinge, Leibeigene

ในยุคกลาง: ขุนนางศักดินา, ข้าราชบริพาร, หัวหน้ากิลด์, นักเดินทาง, เด็กฝึกงาน, ทาส

In fast allen diesen Klassen sind wiederum untergeordnete Abstufungen

ในเกือบทุกคลาสเหล่านี้อีกครั้งการไล่ระดับรอง

Die moderne Bourgeoisie Gesellschaft ist aus den Trümmern der feudalen Gesellschaft hervorgegangen

สังคมชนชั้นนายทุนสมัยใหม่ได้งอกออกมาจากซากปรักหักพังของสังคมศักดินา

Aber diese neue Gesellschaftsordnung hat die Klassengegensätze nicht beseitigt

แต่ระเบียบสังคมใหม่นี้ไม่ได้กำจัดความเป็นปฏิปักษ์ทางชนชั้น

Sie hat nur neue Klassen und neue Unterdrückungsbedingungen geschaffen

มันได้สร้างชนชั้นใหม่และเงื่อนไขใหม่ของการกดขี่

Sie hat neue Formen des Kampfes an die Stelle der alten gesetzt

ได้สร้างรูปแบบใหม่ของการต่อสู้แทนรูปแบบเก่า

Die Epoche, in der wir uns befinden, weist jedoch eine Besonderheit auf

อย่างไรก็ตาม ยุคที่เราพบว่าตัวเองอยู่มีลักษณะเด่นอย่างหนึ่ง

die Epoche der Bourgeoisie hat die Klassengegensätze vereinfacht

ยุคของชนชั้นนายทุนได้ทำให้ความเป็นปฏิปักษ์ทางชนชั้นง่ายขึ้น

Die Gesellschaft als Ganzes spaltet sich mehr und mehr in zwei große feindliche Lager

สังคมโดยรวมแตกออกเป็นสองค่ายที่เป็นศัตรูที่ยิ่งใหญ่มากขึ้นเรื่อยๆ

zwei große soziale Klassen, die sich direkt gegenüberstehen: Bourgeoisie und Proletariat

ชนชั้นทางสังคมที่ยิ่งใหญ่สองชนชั้นที่เผชิญหน้ากันโดยตรง: ชนชั้นนายทุนและชนชั้นกรรมาชีพ

Aus den Leibeigenen des Mittelalters gingen die Bürger der ersten Städte hervor

จากทาสในยุคกลางเกิดชาวเมืองที่ได้รับอนุญาตของเมืองแรกสุด

Aus diesen Bürgern entwickelten sich die ersten Elemente der Bourgeoisie

จากเบอร์เจสเหล่านี้องค์ประกอบแรกของชนชั้นนายทุนได้รับการพัฒนา

Die Entdeckung Amerikas und die Umrundung des Kaps

การค้นพบอเมริกาและการปัดเศษแหลม

diese Ereignisse eröffneten der aufstrebenden Bourgeoisie neues Terrain

เหตุการณ์เหล่านี้เปิดพื้นที่ใหม่สำหรับชนชั้นนายทุนที่เพิ่มขึ้น

Die ostindischen und chinesischen Märkte, die Kolonisierung Amerikas, der Handel mit den Kolonien

ตลาดอินเดียตะวันออกและจีนการล่าอาณานิคมของอเมริกาการค้ากับอาณานิคม

die Vermehrung der Tauschmittel und der Waren überhaupt

การเพิ่มขึ้นของวิธีการแลกเปลี่ยนและสินค้าโภคภัณฑ์โดยทั่วไป

Diese Ereignisse gaben dem Handel, der Schiffahrt und der Industrie einen nie gekannten Impuls

เหตุการณ์เหล่านี้ทำให้การค้า การเดินเรือ

และอุตสาหกรรมเป็นแรงกระตุ้นที่ไม่เคยมีมาก่อน

Sie gab dem revolutionären Element in der wankenden feudalen Gesellschaft eine rasche Entwicklung

มันให้การพัฒนาอย่างรวดเร็วแก่องค์ประกอบการปฏิวัติในสังคมศักดินาที่สั่นคลอน

Geschlossene Zünfte hatten das feudale System der industriellen Produktion monopolisiert

กิลด์ปิดผูกขาดระบบศักดินาของการผลิตทางอุตสาหกรรม

Doch das reichte den wachsenden Bedürfnissen der neuen Märkte nicht mehr aus

แต่นี่ไม่เพียงพอสำหรับความต้องการที่เพิ่มขึ้นของตลาดใหม่อีกต่อไป

Das Manufaktursystem trat an die Stelle des feudalen Systems der Industrie

ระบบการผลิตเข้ามาแทนที่ระบบศักดินาของอุตสาหกรรม

Die Zunftmeister wurden vom produzierenden Bürgertum auf die Seite gedrängt

หัวหน้ากิลด์ถูกผลักดันไปด้านหนึ่งโดยชนชั้นกลางด้านการผลิต

Die Arbeitsteilung zwischen den verschiedenen korporativen Innungen verschwand

การแบ่งงานระหว่างกิลด์องค์กรต่างๆ หายไป

Die Arbeitsteilung durchdrang jede einzelne Werkstatt

การแบ่งงานแทรกซึมเข้าไปในการประชุมเชิงปฏิบัติการแต่ละแห่ง

In der Zwischenzeit wuchsen die Märkte immer weiter und die Nachfrage stieg immer weiter

ในขณะเดียวกันตลาดก็เติบโตขึ้นเรื่อย ๆ และความต้องการก็เพิ่มขึ้นเรื่อยๆ

Selbst Fabriken reichten nicht mehr aus, um den Anforderungen gerecht zu werden

แม้แต่โรงงานก็ไม่เพียงพอต่อความต้องการอีกต่อไป

Daraufhin revolutionierten Dampf und Maschinen die industrielle Produktion

จากนั้นไอน้ำและเครื่องจักรได้ปฏิวัติการผลิตทางอุตสาหกรรม

An die Stelle der Manufaktur trat der Riese, die moderne Industrie

สถานที่ผลิตถูกยึดครองโดยยักษ์ใหญ่อุตสาหกรรมสมัยใหม่

An die Stelle des industriellen Mittelstandes traten industrielle Millionäre

สถานที่ของชนชั้นกลางอุตสาหกรรมถูกยึดครองโดยเศรษฐีอุตสาหกรรม

an die Stelle der Führer ganzer Industriearmeen trat die moderne Bourgeoisie

ตำแหน่งผู้นำของกองทัพอุตสาหกรรมทั้งหมดถูกยึดครองโดยชนชั้นนายทุนสมัยใหม่

die Entdeckung Amerikas ebnete der modernen Industrie den Weg zur Etablierung des Weltmarktes

การค้นพบอเมริกาปูทางไปสู่อุตสาหกรรมสมัยใหม่ในการสร้างตลาดโลก

Dieser Markt gab dem Handel, der Schifffahrt und der Kommunikation auf dem Landweg eine ungeheure Entwicklung

ตลาดนี้ให้การพัฒนาอย่างมากต่อการค้า การเดินเรือ และการสื่อสารทางบก

Diese Entwicklung hat seinerzeit auf die Ausdehnung der Industrie reagiert

การพัฒนานี้ในช่วงเวลานั้นมีปฏิกิริยาต่อการขยายตัวของอุตสาหกรรม

Sie reagierte in dem Maße, wie sich die Industrie ausbreitete, und wie sich Handel, Schiffahrt und Eisenbahn ausdehnten

มันตอบสนองตามสัดส่วนที่อุตสาหกรรมขยายตัว และการค้า การเดินเรือ และการรถไฟขยายออกไปอย่างไร

in demselben Maße, in dem sich die Bourgeoisie entwickelte, vermehrte sie ihr Kapital

ในสัดส่วนเดียวกับที่ชนชั้นนายทุนพัฒนาขึ้นพวกเขาเพิ่มทุน

und das Bourgeoisie drängte jede aus dem Mittelalter überlieferte Klasse in den Hintergrund

และชนชั้นนายทุนผลักดันทุกชนชั้นที่สืบทอดมาจากยุคกลาง

daher ist die moderne Bourgeoisie selbst das Produkt eines langen Entwicklungsganges

ดังนั้นชนชั้นนายทุนสมัยใหม่จึงเป็นผลผลิตของการพัฒนาที่ยาวนาน

Wir sehen, dass es sich um eine Reihe von Revolutionen in der Produktions- und Tauschweise handelt

เราเห็นว่ามันเป็นชุดของการปฏิวัติในรูปแบบการผลิตและการแลกเปลี่ยน

Jeder Schritt der Bourgeoisie Entwicklung ging mit einem entsprechenden politischen Fortschritt einher

แต่ละขั้นตอนของชนชั้นนายทุนที่พัฒนาขึ้นมาพร้อมกับความก้าว
หน้าทางการเมืองที่สอดคล้องกัน

Eine unterdrückte Klasse unter der Herrschaft des feudalen Adels
ชนชั้นที่ถูกกดขี่ภายใต้อิทธิพลของขุนนางศักดินา

ein bewaffneter und selbstverwalteter Verein in der mittelalterlichen Kommune
สมาคมติดอาวุธและปกครองตนเองในชุมชนยุคกลาง

hier eine unabhängige Stadtrepublik (wie in Italien und Deutschland)
ที่นี่สาธารณรัฐในเมืองอิสระ (เช่นเดียวกับในอิตาลีและเยอรมนี)

dort ein steuerpflichtiger "dritter Stand" der Monarchie (wie in Frankreich)
มี "อสังหาริมทรัพย์ที่สาม" ที่ต้องเสียภาษีของสถาบันกษัตริย์
(เช่นเดียวกับในฝรั่งเศส)

Danach, in der Zeit der eigentlichen Herstellung
หลังจากนั้นในช่วงเวลาของการผลิตที่เหมาะสม

die Bourgeoisie diente entweder der halbfeudalen oder der absoluten Monarchie
ชนชั้นนายทุนรับใช้ทั้งกึ่งศักดินาหรือระบอบสมบูรณาญาสิทธิรา
ชย์

oder die Bourgeoisie fungierte als Gegengewicht zum Adel
หรือชนชั้นนายทุนทำหน้าที่เป็นตัวต่อต้านขุนนาง

und in der Tat war die Bourgeoisie ein Eckpfeiler der großen Monarchien überhaupt
และในความเป็นจริงชนชั้นนายทุนเป็นรากฐานที่สำคัญของสถาบ
นกษัตริย์ที่ยิ่งใหญ่โดยทั่วไป

aber die moderne Industrie und der Weltmarkt haben sich seitdem etabliert

แต่อุตสาหกรรมสมัยใหม่และตลาดโลกได้ก่อตั้งตัวเองตั้งแต่นั้นม
ๆ

**und die Bourgeoisie hat sich die ausschließliche politische
Herrschaft erobert**

และชนชั้นนายทุนได้พิชิตอิทธิพลทางการเมืองเฉพาะตัวเพื่อตัวเอ

ง

**sie erreichte diese politische Herrschaft durch den
modernen repräsentativen Staat**

มันบรรลุอิทธิพลทางการเมืองนี้ผ่านรัฐตัวแทนสมัยใหม่

**Die Exekutive des modernen Staates ist nichts anderes als
ein Verwaltungskomitee**

ผู้บริหารของรัฐสมัยใหม่เป็นเพียงคณะกรรมการบริหาร

**und sie leiten die gemeinsamen Angelegenheiten der
gesamten Bourgeoisie**

และพวกเขาจัดการกิจการทั่วไปของชนชั้นนายทุนทั้งหมด

**Die Bourgeoisie hat historisch gesehen eine höchst
revolutionäre Rolle gespielt**

ในอดีตชนชั้นนายทุนมีบทบาทในการปฏิวัติมากที่สุด

**Wo immer sie die Oberhand gewann, machte sie allen
feudalen, patriarchalischen und idyllischen Verhältnissen
ein Ende**

เมื่อใดก็ตามที่ได้เปรียบ มันก็ยุติความสัมพันธ์แบบศักดินา

ปิตาธิปไตย และงดงามทั้งหมด

**Sie hat erbarmungslos die bunten feudalen Bande zerrissen,
die den Menschen an seine "natürlichen Vorgesetzten"
banden**

มันได้ฉีกขาดสายสัมพันธ์ศักดินาที่หลากหลายซึ่งผูกมัดมนุษย์กับ

"ผู้บังคับบัญชาตามธรรมชาติ" ของเขาอย่างไร้ความปรานี

Und es ist kein Nexus zwischen Mensch und Mensch übrig geblieben, außer nacktem Eigeninteresse

และมันไม่เหลือความเชื่อมโยงระหว่างมนุษย์กับมนุษย์นอกเหนือจากผลประโยชน์ส่วนตนที่เปลือยเปล่า

Die Beziehungen der Menschen zueinander sind zu nichts anderem geworden als zu einer gefühllosen "Geldzahlung"

ความสัมพันธ์ของมนุษย์ที่มีต่อกันไม่มีอะไรมากไปกว่า "การจ่ายเงินสด" ที่ไร้น้ำใจ

Sie hat die himmlischsten Ekstasen religiöser Inbrunst ertränkt

มันได้จมน้ำตายความปีติยินดีจากสวรรค์ที่สุดของความกระตือรือร้นทางศาสนา

sie hat ritterlichen Enthusiasmus und philiströsen Sentimentalismus übertönt

มันได้จมน้ำตายความกระตือรือร้นของอัศวินและความรู้สึกของฟีลิสติน

Sie hat diese Dinge im eisigen Wasser des egoistischen Kalküls ertränkt

มันจมน้ำตายในน้ำเย็นของการคำนวณที่เห็นแก่ตัว

Sie hat den persönlichen Wert in Tauschwert aufgelöst

มันได้แก้ไขคุณค่าส่วนบุคคลให้เป็นมูลค่าแลกเปลี่ยนได้

Sie hat die zahllosen und unveräußerlichen verbrieften Freiheiten ersetzt

มันได้เข้ามาแทนที่เสรีภาพที่นับไม่ถ้วนและไม่สามารถลบล้างได้

und sie hat eine einzige, skrupellose Freiheit geschaffen; Freihandel

และได้สร้างเสรีภาพเดียวที่ไร้โนธรรม การค้าเสรี

Mit einem Wort, sie hat dies für die Ausbeutung getan

พูดได้คำเดียวว่ามันทำเช่นนี้เพื่อเอารัดเอาเปรียบ

Ausbeutung, verschleiert durch religiöse und politische Illusionen

การแสวงหาผลประโยชน์ที่ปกคลุมด้วยภาพลวงตาทางศาสนาและการเมือง

Ausbeutung verschleiert durch nackte, schamlose, direkte, brutale Ausbeutung

การแสวงหาผลประโยชน์ที่ปกคลุมด้วยการแสวงหาผลประโยชน์ที่เปลือยเปล่าไร้ยางอายโดยตรงและโหดร้าย

die Bourgeoisie hat den Heiligenschein von jedem zuvor geehrten und verehrten Beruf abgestreift

ชนชั้นนายทุนได้ถอดรัศมีออกจากอาชีพที่ได้รับเกียรติและเคารพนับถือก่อนหน้านี้

der Arzt, der Advokat, der Priester, der Dichter und der Mann der Wissenschaft

แพทย์ ทนายความ นักบวช กวี และนักวิทยาศาสตร์

Sie hat diese ausgezeichneten Arbeiter in ihre bezahlten Lohnarbeiter verwandelt

ได้เปลี่ยนคนงานที่มีชื่อเสียงเหล่านี้ให้เป็นแรงงานที่ได้รับค่าจ้าง

Die Bourgeoisie hat der Familie den sentimentalen Schleier weggerissen

ชนชั้นนายทุนได้ฉีกม่านอารมณ์ออกจากครอบครัว

Und sie hat das Familienverhältnis auf ein bloßes Geldverhältnis reduziert

และได้ลดความสัมพันธ์ในครอบครัวให้เหลือเพียงความสัมพันธ์ทางเงิน

die brutale Zurschaustellung der Kraft im Mittelalter, die die Reaktionäre so sehr bewundern

การแสดงความแข็งแกร่งที่โหดร้ายในยุคกลางที่พวกปฏิกิริยาชื่นชมมาก

Auch diese fand ihre passende Ergänzung in der trägesten Trägheit

แม้สิ่งนี้ก็พบส่วนเสริมที่เหมาะสมในความเกียจคร้านที่สุด

Die Bourgeoisie hat enthüllt, wie es dazu gekommen ist

ชนชั้นนายทุนได้เปิดเผยว่าทั้งหมดนี้เกิดขึ้นได้อย่างไร

Die Bourgeoisie war die erste, die gezeigt hat, was die Tätigkeit des Menschen bewirken kann

ชนชั้นนายทุนเป็นคนแรกที่แสดงให้เห็นว่ากิจกรรมของมนุษย์สามารถนำมาซึ่งอะไรได้บ้าง

Sie hat Wunder vollbracht, die ägyptische Pyramiden, römische Aquädukte und gotische Kathedralen bei weitem übertreffen

มันได้สร้างความมหัศจรรย์ที่เหนือกว่าปิรามิดอียิปต์ ท่อระบายน้ำโรมัน และมหาวิหารโกธิค

und sie hat Expeditionen durchgeführt, die alle früheren Auszüge von Nationen und Kreuzzügen in den Schatten stellten

และได้ดำเนินการสำรวจที่ปิดบังการอพยพของประชาชาติและสงครามครูเสดในอดีตทั้งหมด

Die Bourgeoisie kann nicht existieren, ohne die Produktionsmittel ständig zu revolutionieren

ชนชั้นนายทุนไม่สามารถดำรงอยู่ได้หากไม่ปฏิวัติเครื่องมือการผลิตอย่างต่อเนื่อง

und damit kann sie nicht ohne ihre Beziehungen zur Produktion existieren

และด้วยเหตุนี้จึงไม่สามารถดำรงอยู่ได้หากปราศจากความสัมพันธ์กับการผลิต

und deshalb kann sie nicht ohne ihre Beziehungen zur Gesellschaft existieren

ดังนั้นจึงไม่สามารถดำรงอยู่ได้หากปราศจากความสัมพันธ์กับสังค
ม

Alle früheren Industrieklassen hatten eine Bedingung gemeinsam

ชนชั้นอุตสาหกรรมก่อนหน้านี้ทั้งหมดมีเงื่อนไขหนึ่งที่เหมือนกัน

Sie setzten auf die Bewahrung der alten Produktionsweisen

พวกเขาพึ่งพาการอนุรักษ์รูปแบบการผลิตแบบเก่า

aber die Bourgeoisie brachte eine völlig neue Dynamik mit sich

แต่ชนชั้นกลางนำมาซึ่งพลวัตใหม่ทั้งหมด

Ständige Revolutionierung der Produktion und ununterbrochene Störung aller gesellschaftlichen Verhältnisse

การปฏิวัติการผลิตอย่างต่อเนื่องและการรบกวนสภาพสังคมทั้งหม
ดอย่างต่อเนื่อง

diese immerwährende Unsicherheit und Unruhe unterscheidet die Epoche der Bourgeoisie von allen früheren

ความไม่แน่นอนและความปั่นป่วนอันเป็นนิรันดร์นี้ทำให้ยุคชนชั้
นนายทุนแตกต่างจากยุคก่อนหน้านี้ทั้งหมด

Die bisherigen Beziehungen zur Produktion waren mit alten und ehrwürdigen Vorurteilen und Meinungen verbunden

ความสัมพันธ์ก่อนหน้านี้กับการผลิตมาพร้อมกับอคติและความคิด
เห็นที่เก่าแก่และน่านับถือ

Aber all diese festgefahrenen, eingefrorenen Beziehungen werden hinweggefegt

แต่ความสัมพันธ์ที่คงที่และแช่แข็งอย่างรวดเร็วทั้งหมดนี้ถูกกวาด
ล้างไป

Alle neu gebildeten Verhältnisse werden antiquiert, bevor sie erstarren können

ความสัมพันธ์ที่ก่อตัวขึ้นใหม่ทั้งหมดจะล้าสมัยก่อนที่พวกเขาจะก
ลายเป็นกระดูก

**Alles, was fest ist, zerschmilzt in Luft, und alles, was heilig
ist, wird entweiht**

สิ่งที่เป็นของแข็งจะละลายในอากาศ

และสิ่งบริสุทธิ์ทั้งหมดถูกดูหมิ่น

**Der Mensch ist endlich gezwungen, mit nüchternen Sinnen
seinen wirklichen Lebensbedingungen ins Auge zu sehen**

ในที่สุดมนุษย์ก็ถูกบังคับให้เผชิญหน้ากับความรู้สึกที่เงียบขรึมสภ
าพชีวิตที่แท้จริงของเขา

**und er ist gezwungen, sich seinen Beziehungen zu
seinesgleichen zu stellen**

และเขาถูกบังคับให้เผชิญหน้ากับความสัมพันธ์ของเขากับเผ่าพันธุ์

ของเขา

**Die Bourgeoisie muss ständig ihre Märkte für ihre Produkte
erweitern**

ชนชั้นนายทุนจำเป็นต้องขยายตลาดสำหรับผลิตภัณฑ์ของตนอย่าง

ต่อเนื่อง

**und deshalb wird die Bourgeoisie über die ganze
Erdoberfläche gejagt**

และด้วยเหตุนี้ ชนชั้นนายทุนจึงถูกไล่ล่าไปทั่วพื้นผิวโลก

**Die Bourgeoisie muss sich überall einnisten, sich überall
niederlassen, überall Verbindungen herstellen**

ชนชั้นนายทุนต้องอาศัยอยู่ทุกที่ ตั้งถิ่นฐานทุกที่

สร้างความสัมพันธ์ทุกที่

**Die Bourgeoisie muss in jedem Winkel der Welt Märkte
schaffen, um sie auszubeuten**

ชนชั้นนายทุนต้องสร้างตลาดในทุกมุมโลกเพื่อแสวงหาประโยชน์

Die Produktion und der Konsum in jedem Land haben einen kosmopolitischen Charakter erhalten

การผลิตและการบริโภคในทุกประเทศมีลักษณะเป็นสากล

der Verdruss der Reaktionäre ist mit Händen zu greifen, aber er hat sich trotzdem fortgesetzt

ความผิดหวังของพวกปฏิกิริยานั้นชัดเจน

แต่ก็ดำเนินต่อไปโดยไม่คำนึงถึง

Die Bourgeoisie hat der Industrie den nationalen Boden, auf dem sie stand, unter den Füßen weggezogen

ชนชั้นนายทุนได้ดึงพื้นดินแห่งชาติที่ยืนอยู่จากใต้เท้าของอุตสาหก

รรม

Alle alteingesessenen nationalen Industrien sind zerstört worden oder werden täglich zerstört

อุตสาหกรรมแห่งชาติที่เก่าแก่ทั้งหมดถูกทำลายหรือถูกทำลายทุกวั

น

Alle alteingesessenen nationalen Industrien werden durch neue Industrien verdrängt

อุตสาหกรรมแห่งชาติที่เก่าแก่ทั้งหมดถูกขับไล่โดยอุตสาหกรรมใ

หม่

Ihre Einführung wird zu einer Frage von Leben und Tod für alle zivilisierten Völker

การแนะนำของพวกเขากลายเป็นคำถามเกี่ยวกับชีวิตและความตาย

สำหรับทุกประเทศที่มีอารยธรรม

Sie werden von Industrien verdrängt, die keine heimischen Rohstoffe mehr verarbeiten

พวกเขาถูกขับไล่โดยอุตสาหกรรมที่ไม่ได้ใช้วัตถุดิบพื้นเมืองอีกต่

อไป

Stattdessen beziehen diese Industrien Rohstoffe aus den entlegensten Zonen

อุตสาหกรรมเหล่านี้ดึงวัตถุดิบจากโซนห่างไกลที่สุด

Industrien, deren Produkte nicht nur zu Hause, sondern in allen Teilen der Welt konsumiert werden

อุตสาหกรรมที่มีการบริโภคผลิตภัณฑ์ไม่เพียง แต่ที่บ้านเท่านั้น แต่ในทุกไตรมาสของโลก

An die Stelle der alten Bedürfnisse, die durch die Erzeugnisse des Landes befriedigt werden, treten neue Bedürfnisse

แทนที่ความต้องการเก่าที่พึงพอใจจากการผลิตของประเทศเราพบความต้องการใหม่

Diese neuen Bedürfnisse bedürfen zu ihrer Befriedigung der Produkte aus fernen Ländern und Klimazonen

ความต้องการใหม่เหล่านี้ต้องการผลผลิตจากดินแดนและภูมิอากาศอันห่างไกลเพื่อความพึงพอใจของพวกเขา

An die Stelle der alten lokalen und nationalen Abgeschiedenheit und Selbstversorgung tritt der Handel

แทนที่ความสันโดษในท้องถิ่นและระดับชาติแบบเก่าและการพึ่งพาตนเองเรามีการค้าขาย

internationaler Austausch in alle Richtungen; universelle Interdependenz der Nationen

การแลกเปลี่ยนระหว่างประเทศในทุกทิศทาง

การพึ่งพาซึ่งกันและกันของประเทศสากล

Und so wie wir von Materialien abhängig sind, so sind wir von der intellektuellen Produktion abhängig

และเช่นเดียวกับที่เราพึ่งพาวัสดุ เราก็ต้องพึ่งพาการผลิตทางปัญญา

Die geistigen Schöpfungen der einzelnen Nationen werden zum Gemeingut

การสร้างสรรค์ทางปัญญาของแต่ละประเทศกลายเป็นทรัพย์สินส่วนกลาง

Nationale Einseitigkeit und Engstirnigkeit werden immer unmöglicher

ความด้านเดียวของชาติและความใจแคบกลายเป็นไปไม่ได้มากขึ้นเรื่อยๆ

Und aus den zahlreichen nationalen und lokalen Literaturen entsteht eine Weltliteratur

และจากวรรณกรรมระดับชาติและระดับท้องถิ่นจำนวนมากก็มีวรรณกรรมระดับโลกเกิดขึ้น

durch die rasche Verbesserung aller Produktionsmittel

โดยการปรับปรุงอย่างรวดเร็วของเครื่องมือการผลิตทั้งหมด

durch die immens erleichterten Kommunikationsmittel

โดยวิธีการสื่อสารที่อำนวยความสะดวกอย่างมาก

Die Bourgeoisie zieht alle (auch die barbarischsten Nationen) in die Zivilisation hinein

ชนชั้นนายทุนดึงทุกคน (แม้กระทั่งประเทศที่ป่าเถื่อนที่สุด) เข้าสู่อารยธรรม

Die billigen Preise seiner Waren; die schwere Artillerie, die alle chinesischen Mauern niederreißt

ราคาสินค้าราคาถูก ปืนใหญ่หนักที่ทำลายกำแพงจีนทั้งหมด

Der hartnäckige Fremdenhass der Barbaren wird zur Kapitulation gezwungen

ความเกลียดชังชาวต่างชาติอย่างดื้อรั้นของคนป่าเถื่อนถูกบังคับให้ยอมจำนน

Sie zwingt alle Nationen, unter Androhung des Aussterbens, die Bourgeoisie Produktionsweise anzunehmen

มันบังคับให้ทุกประเทศที่เจ็บปวดจากการสูญพันธุ์มาใช้รูปแบบการผลิตของชนชั้นกลาง

Sie zwingt sie, das, was sie Zivilisation nennt, in ihre Mitte einzuführen

มันบังคับให้พวกเขาแนะนำสิ่งที่เรียกว่าอารยธรรมท่ามกลางพวกเขา

Die Bourgeoisie zwingt die Barbaren, selbst zur Bourgeoisie zu werden

ชนชั้นนายทุนบังคับให้คนป่าเถื่อนกลายเป็นชนชั้นนายทุนเอง

mit einem Wort, die Bourgeoisie schafft sich eine Welt nach ihrem Bilde

กล่าวได้ว่าชนชั้นนายทุนสร้างโลกตามภาพลักษณ์ของตัวเอง

Die Bourgeoisie hat das Land der Herrschaft der Städte unterworfen

ชนชั้นนายทุนได้ทำให้ชนบทอยู่ภายใต้การปกครองของเมือง

Sie hat riesige Städte geschaffen und die Stadtbevölkerung stark vergrößert

มันได้สร้างเมืองขนาดใหญ่และเพิ่มประชากรในเมืองอย่างมาก

Sie rettete einen beträchtlichen Teil der Bevölkerung vor der Idiotie des Landlebens

มันช่วยชีวิตประชากรส่วนใหญ่จากความโง่เขลาของชีวิตในชนบท

Aber sie hat die Menschen auf dem Lande von den Städten abhängig gemacht

แต่มันทำให้คนในชนบทต้องพึ่งพาเมือง

Und ebenso hat sie die barbarischen Länder von den zivilisierten abhängig gemacht

และในทำนองเดียวกัน

มันทำให้ประเทศป่าเถื่อนต้องพึ่งพาอารยธรรม

Bauernnationen gegen Völker der Bourgeoisie, Osten gegen Westen

ประเทศของชาวนากับชนชั้นนายทุนตะวันออกบนตะวันตก

Die Bourgeoisie beseitigt den zerstreuten Zustand der Bevölkerung mehr und mehr

ชนชั้นนายทุนกำจัดสภาพที่กระจัดกระจายของประชากรมากขึ้นเรื่อยๆ

Sie hat die Produktion agglomeriert und das Eigentum in wenigen Händen konzentriert

มีการผลิตที่รวมตัวกันและมีคุณสมบัติเข้มข้นในมือไม่กี่คน

Die notwendige Konsequenz daraus war eine politische Zentralisierung

ผลที่ตามมาที่จำเป็นของสิ่งนี้คือการรวมศูนย์ทางการเมือง

Es gab unabhängige Nationen und lose miteinander verbundene Provinzen

มีประเทศเอกราชและจังหวัดที่เชื่อมต่อกันอย่างหลวม ๆ

Sie hatten getrennte Interessen, Gesetze, Regierungen und Steuersysteme

พวกเขามีผลประโยชน์กฎหมายรัฐบาลและระบบการจัดเก็บภาษีที่แยกจากกัน

Aber sie sind zu einer Nation zusammengeschmolzen, mit einer Regierung

แต่พวกเขาได้รวมเข้าด้วยกันเป็นประเทศเดียว

Sie haben jetzt ein nationales Klasseninteresse, eine Grenze und einen Zolltarif

ตอนนี้พวกเขามีผลประโยชน์ระดับชาติหนึ่งพรมแดนและภาษีศุลกากรหนึ่งรายการ

Und dieses nationale Klasseninteresse ist unter einem Gesetzbuch vereinigt

และผลประโยชน์ทางชนชั้นแห่งชาตินี้รวมกันภายใต้ประมวลกฎ
หมายเดียว

**die Bourgeoisie hat während ihrer knapp hundertjährigen
Herrschaft viel erreicht**
ชนชั้นนายทุนประสบความสำเร็จอย่างมากในช่วงการปกครองที่ห
ยากหนึ่งร้อยปี

**massivere und kolossalere Produktivkräfte als alle
vorhergehenden Generationen zusammen**
กำลังการผลิตที่ใหญ่โตและมหาศาลมากกว่าคนรุ่นก่อนๆ
ทั้งหมดรวมกัน

**Die Kräfte der Natur sind dem Willen des Menschen und
seiner Maschinerie unterworfen**
พลังของธรรมชาติถูกปราบปรามต่อเจตจำนงของมนุษย์และเครื่อง
จักรของเขา

**Die Chemie wird auf alle Industrieformen und
Landwirtschaftsformen angewendet**
เคมีถูกนำไปใช้กับอุตสาหกรรมและเกษตรทุกประเภท

**Dampfschiffahrt, Eisenbahnen, elektrische Telegraphen und
die Druckerpresse**
การนำทางด้วยไอน้ำ ทางรถไฟ โทรเลขไฟฟ้า และแท่นพิมพ์

**Rodung ganzer Kontinente für den Anbau, Kanalisierung
von Flüssen**
การแผ้วถางทั้งทวีปเพื่อการเพาะปลูก

**ganze Populationen wurden aus dem Boden gezaubert und
an die Arbeit gebracht**
ประชากรทั้งหมดถูกเสกขึ้นมาจากพื้นดินและนำไปใช้งาน

**Welches frühere Jahrhundert hatte auch nur eine Ahnung
von dem, was entfesselt werden könnte?**

ศตวรรษก่อนหน้านี้มีแม้แต่ลางสังหรณ์ของสิ่งที่สามารถปลดปล่อ
ยได้?

**Wer hat vorausgesagt, dass solche Produktivkräfte im Schoß
der gesellschaftlichen Arbeit schlummern?**
ใครทำนายว่ากำลังการผลิตดังกล่าวหลับใหลในตักของแรงงานสัง
คม?

**Wir sehen also, daß die Produktions- und Tauschmittel in
der feudalen Gesellschaft erzeugt wurden**
เราเห็นว่าวิธีการผลิตและการแลกเปลี่ยนถูกสร้างขึ้นในสังคมศักดิ
นา

**die Produktionsmittel, auf deren Grundlage sich die
Bourgeoisie aufbaute**
วิธีการผลิตที่ชนชั้นนายทุนสร้างขึ้นบนรากฐาน

**Auf einer bestimmten Stufe der Entwicklung dieser
Produktions- und Tauschmittel**
ในขั้นตอนหนึ่งในการพัฒนาวิธีการผลิตและการแลกเปลี่ยนเหล่า
นี้

**die Bedingungen, unter denen die feudale Gesellschaft
produzierte und tauschte**
เงื่อนไขที่สังคมศักดินาผลิตและแลกเปลี่ยน

**Die feudale Organisation der Landwirtschaft und des
verarbeitenden Gewerbes**
องค์กรศักดินาแห่งการเกษตรและอุตสาหกรรมการผลิต

**Die feudalen Eigentumsverhältnisse waren mit den
materiellen Verhältnissen nicht mehr vereinbar**
ความสัมพันธ์ของทรัพย์สินแบบศักดินาไม่สอดคล้องกับเงื่อนไขท
างวัตถุอีกต่อไป

**Sie mussten gesprengt werden, also wurden sie
auseinandergesprengt**

พวกเขาต้องแตกเป็นชิ้นๆ ดังนั้นพวกเขาจึงแตกเป็นชิ้นๆ

An ihre Stelle trat die freie Konkurrenz der Produktivkräfte

เข้ามาแทนที่พวกเขาก้าวแข่งขันอย่างอิสระจากกำลังการผลิต

Und sie wurden von einer ihr angepassten sozialen und politischen Verfassung begleitet

และพวกเขามาพร้อมกับรัฐธรรมนูญทางสังคมและการเมืองที่ปรับ
ให้เข้ากับมัน

und sie wurde begleitet von der ökonomischen und politischen Herrschaft der Bourgeoisie Klasse

และมันมาพร้อมกับอิทธิพลทางเศรษฐกิจและการเมืองของชนชั้น
นายทุน

Eine ähnliche Bewegung vollzieht sich vor unseren eigenen Augen

การเคลื่อนไหวที่คล้ายกันกำลังเกิดขึ้นต่อหน้าต่อตาเราเอง

Die moderne Bourgeoisie Gesellschaft mit ihren Produktions-, Tausch- und Eigentumsverhältnissen

สังคมชนชั้นนายทุนสมัยใหม่ที่มีความสัมพันธ์ของการผลิตและกา
รแลกเปลี่ยนและทรัพย์สิน

eine Gesellschaft, die so gigantische Produktions- und Tauschmittel heraufbeschworen hat

สังคมที่สร้างวิธีการผลิตและการแลกเปลี่ยนขนาดมหึมา

Es ist wie der Zauberer, der die Mächte der Unterwelt heraufbeschworen hat

มันเหมือนกับพ่อมดที่เรียกพลังของโลกใต้ดิน

Aber er ist nicht mehr in der Lage, zu kontrollieren, was er in die Welt gebracht hat

แต่เขาไม่สามารถควบคุมสิ่งที่เขานำมาสู่โลกได้อีกต่อไป

Viele Jahrzehnte lang war die vergangene Geschichte durch einen roten Faden miteinander verbunden

เป็นเวลาหลายทศวรรษที่ผ่านมาประวัติศาสตร์ถูกผูกมัดด้วยด้ายร่วมกัน

Die Geschichte der Industrie und des Handels ist nichts anderes als die Geschichte der Revolten
ประวัติศาสตร์ของอุตสาหกรรมและการพาณิชย์เป็นเพียงประวัติศาสตร์ของการจลาจล

die Revolten der modernen Produktivkräfte gegen die modernen Produktionsbedingungen
การจลาจลของกำลังการผลิตสมัยใหม่กับเงื่อนไขการผลิตที่ทันสมัย

die Revolten der modernen Produktivkräfte gegen die Eigentumsverhältnisse
การจลาจลของกำลังการผลิตสมัยใหม่ต่อต้านความสัมพันธ์ด้านทรัพย์สิน

diese Eigentumsverhältnisse sind die Bedingungen für die Existenz der Bourgeoisie
ความสัมพันธ์ด้านทรัพย์สินเหล่านี้เป็นเงื่อนไขสำหรับการดำรงอยู่ของชนชั้นนายทุน

und die Existenz der Bourgeoisie bestimmt die Regeln der Eigentumsverhältnisse
และการดำรงอยู่ของชนชั้นนายทุนเป็นตัวกำหนดกฎสำหรับความสัมพันธ์ด้านทรัพย์สิน

Es genügt, die periodische Wiederkehr von Handelskrisen zu erwähnen
ก็เพียงพอที่จะกล่าวถึงการกลับมาของวิกฤตการณ์ทางการค้าเป็นระยะ

jede Handelskrise ist für die Bourgeoisie Gesellschaft bedrohlicher als die letzte

วิกฤตการค้าแต่ละครั้งเป็นภัยคุกคามต่อสังคมชนชั้นนายทุนมากก
ว่าครั้งก่อน

In diesen Krisen wird ein großer Teil der bestehenden Produkte vernichtet
ในวิกฤตเหล่านี้ผลิตภัณฑ์ที่มีอยู่ส่วนใหญ่ถูกทำลาย

Diese Krisen zerstören aber auch die zuvor geschaffenen Produktivkräfte
แต่วิกฤตเหล่านี้ยังทำลายกำลังการผลิตที่สร้างขึ้นก่อนหน้านี้

In allen früheren Epochen wären diese Epidemien als Absurdität erschienen
ในยุคก่อนหน้านี้การแพร่ระบาดเหล่านี้ดูเหมือนจะไร้สาระ

denn diese Epidemien sind die kommerziellen Krisen der Überproduktion
เพราะการแพร่ระบาดเหล่านี้เป็นวิกฤตทางการค้าของการผลิตมาก
เกินไป

Die Gesellschaft befindet sich plötzlich wieder in einem Zustand der momentanen Barbarei
ทันใดนั้นสังคมก็พบว่าตัวเองกลับเข้าสู่สภาวะป่าเถื่อนชั่วขณะ

als ob ein allgemeiner Verwüstungskrieg jede Möglichkeit des Lebensunterhalts abgeschnitten hätte
ราวกับว่าสงครามแห่งความหายนะสากลได้ตัดวิธีการดำรงชีพทุก
อย่าง

Industrie und Handel scheinen zerstört worden zu sein; Und warum?
อุตสาหกรรมและการพาณิชย์ดูเหมือนจะถูกทำลาย และทำไม?

Weil es zu viel Zivilisation und Subsistenzmittel gibt
เพราะมีอารยธรรมและวิธีการดำรงชีพมากเกินไป

Und weil es zu viel Industrie und zu viel Handel gibt
และเพราะมีอุตสาหกรรมมากเกินไปและการค้ามากเกินไป

Die Produktivkräfte, die der Gesellschaft zur Verfügung stehen, entwickeln nicht mehr das Bourgeoisie Eigentum

กำลังการผลิตในการกำจัดของสังคมไม่พัฒนาทรัพย์สินของชนชั้นนายทุนอีกต่อไป

im Gegenteil, sie sind zu mächtig geworden für diese Verhältnisse, durch die sie gefesselt sind

ในทางตรงกันข้ามพวกเขามีอำนาจมากเกินไปสำหรับเงื่อนไขเหล่านี้ซึ่งพวกเขาถูกตรวนไว้

sobald sie diese Fesseln überwunden haben, bringen sie Unordnung in die ganze Bourgeoisie Gesellschaft

ทันทีที่พวกเขาเอาชนะโซ่ตรวนเหล่านี้

พวกเขาก็นำความวุ่นวายมาสู่สังคมชนชั้นกลางทั้งหมด

und die Produktivkräfte gefährden die Existenz des Bourgeoisie Eigentums

และกำลังการผลิตเป็นอันตรายต่อการดำรงอยู่ของทรัพย์สินของชนชั้นนายทุน

Die Bedingungen der Bourgeoisie Gesellschaft sind zu eng, um den von ihnen geschaffenen Reichtum zu erfassen

เงื่อนไขของสังคมชนชั้นนายทุนนั้นแคบเกินไปที่จะประกอบด้วยความมั่งคั่งที่สร้างขึ้นโดยพวกเขา

Und wie überwindet die Bourgeoisie diese Krisen?

และชนชั้นนายทุนจะเอาชนะวิกฤตเหล่านี้ได้อย่างไร?

Einerseits überwindet sie diese Krisen durch die erzwungene Vernichtung einer Masse von Produktivkräften

ในแง่หนึ่งมันเอาชนะวิกฤตเหล่านี้ด้วยการบังคับทำลายมวลของกำลังการผลิต

Andererseits überwindet sie diese Krisen durch die Eroberung neuer Märkte

ในทางกลับกัน มันเอาชนะวิกฤตเหล่านี้ด้วยการพิชิตตลาดใหม่

Und sie überwindet diese Krisen durch die gründlichere Ausbeutung der alten Produktivkräfte

และเอาชนะวิกฤตเหล่านี้ด้วยการแสวงหาประโยชน์จากกองกำลัง การผลิตเก่าอย่างละเอียดยิ่งขึ้น

Das heißt, indem sie den Weg für umfangreichere und zerstörerischere Krisen ebnen

กล่าวคือ

โดยการปูทางไปสู่วิกฤตการณ์ที่กว้างขวางและทำลายล้างมากขึ้น

Sie überwindet die Krise, indem sie die Mittel zur Krisenprävention einschränkt

มันเอาชนะวิกฤตโดยลดวิธีการป้องกันวิกฤต

Die Waffen, mit denen die Bourgeoisie den Feudalismus zu Fall brachte, sind jetzt gegen sich selbst gerichtet

อาวุธที่ชนชั้นนายทุนใช้โค่นล้มศักดินาลงสู่พื้นตอนนี้หันกลับมาต่ อต้านตัวเอง

Aber die Bourgeoisie hat nicht nur die Waffen geschmiedet, die sich selbst den Tod bringen

แต่ไม่เพียงแต่ชนชั้นนายทุนเท่านั้นที่ได้ปลอมแปลงอาวุธที่นำควา มตายมาสู่ตัวเอง

Sie hat auch die Männer ins Leben gerufen, die diese Waffen führen sollen

นอกจากนี้ยังเรียกผู้ชายที่จะถืออาวุธเหล่านั้น

Und diese Männer sind die moderne Arbeiterklasse; Sie sind die Proletarier

และคนเหล่านี้คือชนชั้นแรงงานสมัยใหม่

พวกเขาคือชนชั้นกรรมาชีพ

In dem Maße, wie die Bourgeoisie entwickelt ist, entwickelt sich auch das Proletariat

ในสัดส่วนที่ชนชั้นนายทุนได้รับการพัฒนาในสัดส่วนเดียวกันคือ
ชนชั้นกรรมาชีพที่พัฒนาขึ้น

Die moderne Arbeiterklasse entwickelte eine Klasse von Arbeitern

ชนชั้นแรงงานสมัยใหม่ได้พัฒนาชนชั้นแรงงาน

Diese Klasse von Arbeitern lebt nur so lange, wie sie Arbeit findet

แรงงานชนชั้นนี้มีชีวิตอยู่ตราบเท่าที่พวกเขาหางานทำ

Und sie finden nur so lange Arbeit, wie ihre Arbeit das Kapital vermehrt

และพวกเขาหางานทำได้ก็ต่อเมื่อแรงงานของพวกเขาเพิ่มทุน

Diese Arbeiter, die sich stückweise verkaufen müssen, sind eine Ware

แรงงานเหล่านี้ที่ต้องขายตัวเองทีละชิ้นเป็นสินค้า

Diese Arbeiter sind wie jeder andere Handelsartikel

แรงงานเหล่านี้ก็เหมือนกับสินค้าพาณิชย์อื่น ๆ

und sie sind folglich allen Wechselfällen des Wettbewerbs ausgesetzt

และด้วยเหตุนี้พวกเขาจึงต้องเผชิญกับความผันผวนของการแข่งขันทั้งหมด

Sie müssen alle Schwankungen des Marktes überstehen

พวกเขาต้องรับมือกับความผันผวนของตลาด

Aufgrund des umfangreichen Maschineneinsatzes und der Arbeitsteilung

เนื่องจากการใช้เครื่องจักรอย่างกว้างขวางและการแบ่งงาน

Die Arbeit der Proletarier hat jeden individuellen Charakter verloren

งานของชนชั้นกรรมาชีพได้สูญเสียลักษณะส่วนบุคคลทั้งหมด

Und folglich hat die Arbeit der Proletarier für den Arbeiter jeden Reiz verloren

และด้วยเหตุนี้

งานของชนชั้นกรรมาชีพจึงสูญเสียเสน่ห์ทั้งหมดสำหรับคนงาน

Er wird zu einem Anhängsel der Maschine und nicht mehr zu dem Mann, der er einmal war

เขากลายเป็นส่วนเสริมของเครื่องจักร

แทนที่จะเป็นคนที่เขาเคยเป็น

Nur das einfachste, eintönigste und am leichtesten zu erwerbende Geschick wird von ihm verlangt

เขาต้องการเพียงความสามารถพิเศษที่เรียบง่าย ซ้ำซากจำเจ

และหาได้ง่ายที่สุดเท่านั้น

Daher sind die Produktionskosten eines Arbeiters begrenzt

ดังนั้นต้นทุนการผลิตของคนงานจึงถูกจำกัด

sie beschränkt sich fast ausschließlich auf die Mittel zur Bestreitung des Lebensunterhalts, die er zu seinem Unterhalt benötigt

มันถูกจำกัดไว้เกือบทั้งหมดในการดำรงชีพที่เขาต้องการเพื่อการบำ

รุงรักษาของเขา

und sie beschränkt sich auf die Subsistenzmittel, die er zur Fortpflanzung seiner Rasse benötigt

และมันถูกจำกัดไว้ที่วิธีการดำรงชีพที่เขาต้องการสำหรับการขยาย

พันธุ์เผ่าพันธุ์ของเขา

Aber der Preis einer Ware, also auch der Arbeit, ist gleich ihren Produktionskosten

แต่ราคาของสินค้าโภคภัณฑ์และราคาของแรงงานก็เท่ากับต้นทุนก

ารผลิต

In dem Maße also, wie die Widerwärtigkeit der Arbeit zunimmt, sinkt der Lohn

ตามสัดส่วนเมื่อความน่ารังเกียจของงานเพิ่มขึ้นค่าจ้างก็ลดลง

Ja, die Widerwärtigkeit seiner Arbeit nimmt sogar noch mehr zu

ไม่ ความน่ารังเกียจของงานของเขาเพิ่มขึ้นในอัตราที่มากขึ้น

In dem Maße, wie der Einsatz von Maschinen und die Arbeitsteilung zunehmen, steigt auch die Last der Arbeit

เมื่อการใช้เครื่องจักรและการแบ่งงานเพิ่มขึ้นภาระของการทำงานหนักก็เพิ่มขึ้น

Die Arbeitsbelastung wird durch die Verlängerung der Arbeitszeit erhöht

ภาระของการทำงานหนักเพิ่มขึ้นจากการยืดเวลาทำงาน

Dem Arbeiter wird in der gleichen Zeit mehr zugemutet als zuvor

คาดหวังมากขึ้นจากคนงานในเวลาเดียวกันกับเมื่อก่อน

Und natürlich wird die Last der Arbeit durch die Geschwindigkeit der Maschinerie erhöht

และแน่นอนว่าภาระของการทำงานหนักจะเพิ่มขึ้นตามความเร็วของเครื่องจักร

Die moderne Industrie hat die kleine Werkstatt des patriarchalischen Meisters in die große Fabrik des industriellen Kapitalisten verwandelt

อุตสาหกรรมสมัยใหม่ได้เปลี่ยนโรงงานเล็ก ๆ

ของปรมาจารย์ปิตาธิปไตยให้กลายเป็นโรงงานที่ยิ่งใหญ่ของนายทุนอุตสาหกรรม

Massen von Arbeitern, die in die Fabrik gedrängt sind, sind wie Soldaten organisiert

แรงงานจำนวนมากที่เบียดเสียดกันในโรงงานถูกจัดระเบียบเหมือนทหาร

Als Gefreite der Industriearmee stehen sie unter dem Kommando einer vollkommenen Hierarchie von Offizieren und Unteroffizieren

ในฐานะพลทหารของกองทัพอุตสาหกรรมพวกเขาอยู่ภายใต้การบังคับบัญชาของลำดับชั้นที่สมบูรณ์แบบของเจ้าหน้าที่และจ่าสิบเอก

sie sind nicht nur die Sklaven der Bourgeoisie und des Staates

พวกเขาไม่เพียงแต่เป็นทาสของชนชั้นนายทุนและรัฐเท่านั้น

Aber sie werden auch täglich und stündlich von der Maschine versklavt

แต่พวกเขายังเป็นทาสของเครื่องจักรทุกวันและรายชั่วโมง

sie sind Sklaven des Aufsehers und vor allem des einzelnen Bourgeoisie Fabrikanten selbst

พวกเขาตกเป็นทาสของผู้มองข้าม และเหนือสิ่งอื่นใด

โดยผู้ผลิตชนชั้นนายทุนแต่ละคนเอง

Je offener dieser Despotismus den Gewinn als seinen Zweck und sein Ziel proklamiert, desto kleinlicher, verhaßter und verbitterender ist er

ยิ่งเผด็จการนี้ประกาศผลประโยชน์อย่างเปิดเผยว่าเป็นจุดจบและจุดมุ่งหมายของมัน ก็ยิ่งเล็กน้อย เกลียดชังมากขึ้น

และยิ่งขมขื่นมากขึ้นเท่านั้น

Je mehr sich die moderne Industrie entwickelt, desto geringer sind die Unterschiede zwischen den Geschlechtern

ยิ่งอุตสาหกรรมสมัยใหม่พัฒนามากเท่าไหร่ความแตกต่างระหว่างเพศก็จะยิ่งน้อยลงเท่านั้น

Je geringer die Geschicklichkeit und Kraftanstrengung der Handarbeit ist, desto mehr wird die Arbeit der Männer von der der Frauen verdrängt

ยิ่งทักษะและการออกแรงของแรงงานคนน้อยลงเท่าใดแรงงานขอ
งผู้ชายก็ยิ่งถูกแทนที่ด้วยแรงงานของผู้หญิงมากขึ้นเท่านั้น

Alters- und Geschlechtsunterschiede haben für die
Arbeiterklasse keine besondere gesellschaftliche Gültigkeit
mehr

ความแตกต่างของอายุและเพศไม่มีความถูกต้องทางสังคมที่โดดเด่
นสำหรับชนชั้นแรงงานอีกต่อไป

Alle sind Arbeitsinstrumente, die je nach Alter und
Geschlecht mehr oder weniger teuer zu gebrauchen sind

ทั้งหมดเป็นเครื่องมือของแรงงาน

ไม่มากก็น้อยในการใช้ตามอายุและเพศ

sobald der Arbeiter seinen Lohn in bar erhält, wird er von
den übrigen Teilen der Bourgeoisie angegriffen

ทันทีที่คนงานได้รับค่าจ้างเป็นเงินสด

เขาจะถูกกำหนดโดยส่วนอื่น ๆ ของชนชั้นนายทุน

der Vermieter, der Ladenbesitzer, der Pfandleiher usw

เจ้าของบ้าน เจ้าของร้าน จอมรับจำนำ ฯลฯ

Die unteren Schichten der Mittelschicht; die kleinen
Handwerker und Ladenbesitzer

ชนชั้นล่างของชนชั้นกลาง คนค้าขายรายย่อยและเจ้าของร้าน

die pensionierten Gewerbetreibenden überhaupt, die
Handwerker und Bauern

พ่อค้าที่เกษียณอายุโดยทั่วไป และช่างฝีมือและชาวนา

all dies sinkt allmählich in das Proletariat ein

ทั้งหมดนี้ค่อยๆ จมลงไปในชนชั้นกรรมาชีพ

theils deshalb, weil ihr winziges Kapital nicht ausreicht für
den Maßstab, in dem die moderne Industrie betrieben wird

ส่วนหนึ่งเป็นเพราะทุนขนาดเล็กไม่เพียงพอสำหรับขนาดที่อุตสา
หกรรมสมัยใหม่ดำเนินต่อไป

und weil sie in der Konkurrenz mit den Großkapitalisten überschwemmt wird

และเพราะมันถูกท่วมท้นในการแข่งขันกับนายทุนรายใหญ่

zum Teil deshalb, weil ihr spezialisiertes Können durch die neuen Produktionsmethoden wertlos wird

ส่วนหนึ่งเป็นเพราะทักษะเฉพาะทางของพวกเขาไร้ค่าด้วยวิธีการ
ผลิตแบบใหม่

So rekrutiert sich das Proletariat aus allen Klassen der Bevölkerung

ดังนั้นชนชั้นกรรมาชีพจึงได้รับการคัดเลือกจากประชากรทุกชนชั้
น

Das Proletariat durchläuft verschiedene Entwicklungsstufen

ชนชั้นกรรมาชีพต้องผ่านขั้นตอนต่างๆ ของการพัฒนา

Mit ihrer Geburt beginnt der Kampf mit der Bourgeoisie

ด้วยการกำเนิดของมันเริ่มต้นการต่อสู้กับชนชั้นนายทุน

Zuerst wird der Kampf von einzelnen Arbeitern geführt

ในตอนแรกการแข่งขันจะดำเนินการโดยแรงงานแต่ละคน

Dann wird der Kampf von den Arbeitern einer Fabrik ausgetragen

จากนั้นการประกวดจะดำเนินการโดยคนงานของโรงงาน

Dann wird der Kampf von den Arbeitern eines Gewerbes an einem Ort ausgetragen

จากนั้นการแข่งขันจะดำเนินการโดยผู้ปฏิบัติงานของการค้าหนึ่งใ
นท้องถิ่น

und der Kampf richtet sich dann gegen die einzelne Bourgeoisie, die sie direkt ausbeutet

และการแข่งขันจะต่อต้านชนชั้นนายทุนแต่ละคนที่เอาเปรียบพวกเ

ขาโดยตรง

Sie richten ihre Angriffe nicht gegen die Bourgeoisie Produktionsbedingungen

พวกเขาโจมตีโดยตรงไม่ต่อต้านเงื่อนไขการผลิตของชนชั้นนายทุ

น

aber sie richten ihren Angriff gegen die Produktionsmittel selbst

แต่พวกเขาโจมตีเครื่องมือการผลิตด้วยตัวเอง

Sie vernichten importierte Waren, die mit ihrer Arbeitskraft konkurrieren

พวกเขาทำลายสินค้านำเข้าที่แข่งขันกับแรงงานของพวกเขา

Sie zertrümmern Maschinen und setzen Fabriken in Brand

พวกเขาทุบเครื่องจักรเป็นชิ้นเล็กชิ้นน้อยและจุดไฟเผาโรงงาน

sie versuchen, den verschwundenen Status des Arbeiters des Mittelalters mit Gewalt wiederherzustellen

พวกเขาพยายามฟื้นฟูสถานะที่หายไปของคนงานในยุคกลางด้วยกำ

ลัง

In diesem Stadium bilden die Arbeiter noch eine unzusammenhängende Masse, die über das ganze Land verstreut ist

ในขั้นตอนนี้แรงงานยังคงก่อตัวเป็นมวลที่ไม่ต่อเนื่องกันกระจัดก

ระจายไปทั่วประเทศ

und sie werden durch ihre gegenseitige Konkurrenz zerrissen

และพวกเขาถูกทำลายโดยการแข่งขันซึ่งกันและกัน

Wenn sie sich irgendwo zu kompakteren Körpern vereinigen, so ist dies noch nicht die Folge ihrer eigenen aktiven Vereinigung

หากที่ใดก็ตามที่พวกเขารวมตัวกันเพื่อสร้างร่างกายที่กะทัดรัดมาก
ขึ้นนี่ยังไม่เป็นผลมาจากการรวมตัวกันที่ใช้งานอยู่

aber es ist eine Folge der Vereinigung der Bourgeoisie, ihre
eigenen politischen Ziele zu erreichen

แต่เป็นผลมาจากการรวมตัวกันของชนชั้นนายทุนเพื่อให้บรรลุจุด

จบทางการเมืองของตนเอง

die Bourgeoisie ist gezwungen, das ganze Proletariat in
Bewegung zu setzen

ชนชั้นนายทุนถูกบังคับให้ขับเคลื่อนชนชั้นกรรมาชีพทั้งหมด

und überdies ist die Bourgeoisie eine Zeitlang dazu in der
Lage

และยิ่งไปกว่านั้นในช่วงขณะหนึ่งชนชั้นนายทุนสามารถทำได้

In diesem Stadium kämpfen die Proletarier also nicht gegen
ihre Feinde

ดังนั้นในขั้นตอนนี้ชนชั้นกรรมาชีพจึงไม่ต่อสู้กับศัตรูของพวกเขา

Stattdessen kämpfen sie gegen die Feinde ihrer Feinde

แต่พวกเขากลับต่อสู้กับศัตรูของศัตรู

Der Kampf gegen die Überreste der absoluten Monarchie
und die Großgrundbesitzer

ต่อสู้กับเศษซากของระบอบสมบูรณาญาสิทธิราชย์และเจ้าของที่ดิ

น

sie bekämpfen die nicht-industrielle Bourgeoisie; das
Kleiliche Bourgeoisie

พวกเขาต่อสู้กับชนชั้นนายทุนที่ไม่ใช่อุตสาหกรรม

ชนชั้นนายทุนเล็ก ๆ

So ist die ganze historische Bewegung in den Händen der
Bourgeoisie konzentriert

ดังนั้นการเคลื่อนไหวทางประวัติศาสตร์ทั้งหมดจึงกระจุกตัวอยู่ใน
มือของชนชั้นนายทุน

jeder so errungene Sieg ist ein Sieg der Bourgeoisie
ทุกชัยชนะที่ได้รับคือชัยชนะของชนชั้นนายทุน

**Aber mit der Entwicklung der Industrie wächst nicht nur die
Zahl des Proletariats**
แต่ด้วยการพัฒนาของอุตสาหกรรม Proletariat

ไม่เพียงแต่เพิ่มจำนวน

**das Proletariat konzentriert sich in größeren Massen und
seine Kraft wächst**
ชนชั้นกรรมาชีพจะกระจุกตัวอยู่ในมวลที่มากขึ้นและความแข็งแก

ร่งของมันเพิ่มขึ้น

und das Proletariat spürt diese Kraft mehr und mehr
และชนชั้นกรรมาชีพรู้สึกถึงความแข็งแกร่งนั้นมากขึ้นเรื่อยๆ

**Die verschiedenen Interessen und Lebensbedingungen in
den Reihen des Proletariats gleichen sich mehr und mehr an**
ผลประโยชน์และเงื่อนไขต่างๆ

ของชีวิตภายในกลุ่มชนชั้นกรรมาชีพมีความเท่าเทียมกันมากขึ้นเรื่

อยๆ

**sie werden in dem Maße größer, wie die Maschinerie alle
Unterschiede der Arbeit verwischt**
พวกเขากลายเป็นสัดส่วนมากขึ้นเมื่อเครื่องจักรลบล้างความแตกต่

างทั้งหมดของแรงงาน

**Und die Maschinen senken fast überall die Löhne auf das
gleiche niedrige Niveau**
และเครื่องจักรเกือบทุกที่ลดค่าจ้างให้อยู่ในระดับต่ำเท่าเดิม

Die wachsende Konkurrenz der Bourgeoisie und die daraus resultierenden Handelskrisen lassen die Löhne der Arbeiter immer schwankender

การแข่งขันที่เพิ่มขึ้นระหว่างชนชั้นนายทุนและวิกฤตการค้าที่เกิดขึ้นทำให้ค่าจ้างของคนงานผันผวนมากขึ้น

Die unaufhörliche Verbesserung der sich immer schneller entwickelnden Maschinen macht ihren Lebensunterhalt immer prekärer

การปรับปรุงเครื่องจักรอย่างไม่หยุดยั้ง

ซึ่งพัฒนาอย่างรวดเร็วขึ้นเรื่อย ๆ

ทำให้การดำรงชีวิตของพวกเขาล่อแหลมมากขึ้นเรื่อยๆ

die Kollisionen zwischen einzelnen Arbeitern und einzelnen Bourgeoisien nehmen immer mehr den Charakter von Zusammenstößen zwischen zwei Klassen an

การปะทะกันระหว่างคนงานแต่ละคนและชนชั้นนายทุนแต่ละคน

มีลักษณะของการปะทะกันระหว่างสองชนชั้นมากขึ้นเรื่อยๆ

Darauf beginnen die Arbeiter, sich gegen die Bourgeoisie zu verbünden (Gewerkschaften)

จากนั้นคนงานก็เริ่มรวมตัวกัน (สหภาพแรงงาน)

เพื่อต่อต้านชนชั้นนายทุน

Sie schließen sich zusammen, um die Löhne hoch zu halten

พวกเขารวมตัวกันเพื่อรักษาอัตราค่าจ้าง

sie gründeten ständige Vereinigungen, um für diese gelegentlichen Revolten im voraus Vorsorge zu treffen

พวกเขาพบสมาคมถาวรเพื่อเตรียมการล่วงหน้าสำหรับการจลาจลเป็นครั้งคราวเหล่านี้

Hier und da bricht der Wettkampf in Ausschreitungen aus

ที่นี่และที่นั่นการแข่งขันแตกเป็นจลาจล

Hin und wieder siegen die Arbeiter, aber nur für eine gewisse Zeit

บางครั้งคนงานได้รับชัยชนะ แต่เพียงชั่วขณะเดียว

Die wirkliche Frucht ihrer Kämpfe liegt nicht in den unmittelbaren Ergebnissen, sondern in der immer größer werdenden Vereinigung der Arbeiter

ผลที่แท้จริงของการต่อสู้ของพวกเขาไม่ได้อยู่ที่ผลลัพธ์ในทันที แต่อยู่ในสหภาพแรงงานที่ขยายตัวขึ้นเรื่อยๆ

Diese Vereinigung wird durch die verbesserten Kommunikationsmittel unterstützt, die von der modernen Industrie geschaffen werden

สหภาพแรงงานนี้ได้รับความช่วยเหลือจากวิธีการสื่อสารที่ได้รับการปรับปรุงซึ่งสร้างขึ้นโดยอุตสาหกรรมสมัยใหม่

Die moderne Kommunikation bringt die Arbeiter verschiedener Orte miteinander in Kontakt

การสื่อสารสมัยใหม่ทำให้คนงานในท้องถิ่นต่างๆ ติดต่อกัน

Es war gerade dieser Kontakt, der nötig war, um die zahlreichen lokalen Kämpfe zu einem nationalen Kampf zwischen den Klassen zu zentralisieren

การติดต่อนี้เองที่จำเป็นในการรวมศูนย์การต่อสู้ในท้องถิ่นจำนวนมากให้เป็นการต่อสู้ระดับชาติระหว่างชนชั้น

Alle diese Kämpfe haben den gleichen Charakter, und jeder Klassenkampf ist ein politischer Kampf

การต่อสู้ทั้งหมดนี้มีลักษณะเดียวกัน

และการต่อสู้ทางชนชั้นทุกครั้งเป็นการต่อสู้ทางการเมือง

die Bürger des Mittelalters mit ihren elenden Landstraßen brauchten Jahrhunderte, um ihre Vereinigungen zu bilden

ชาวเมืองในยุคกลางที่มีทางหลวงที่น่าสังเวชต้องใช้เวลาหลายศตวรรษในการสร้างสหภาพแรงงาน

Die modernen Proletarier erreichen dank der Eisenbahn ihre Gewerkschaften innerhalb weniger Jahre

ชนชั้นกรรมาชีพสมัยใหม่ต้องขอบคุณการรถไฟที่บรรลุสหภาพแรงงานภายในไม่กี่ปี

Diese Organisation der Proletarier zu einer Klasse formte sie folglich zu einer politischen Partei

การจัดระเบียบของชนชั้นกรรมาชีพให้เป็นชนชั้นจึงก่อตั้งพวกเขาให้เป็นพรรคการเมือง

Die politische Klasse wird immer wieder durch die Konkurrenz zwischen den Arbeitern selbst verärgert

ชนชั้นทางการเมืองกำลังถูกอารมณ์เสียอีกครั้งอย่างต่อเนื่องจากการแข่งขันระหว่างคนงานเอง

Aber die politische Klasse erhebt sich weiter, stärker, fester, mächtiger

แต่ชนชั้นทางการเมืองยังคงลุกขึ้นมาอีกครั้ง แข็งแกร่งขึ้น มั่นคงขึ้น และแข็งแกร่งขึ้น

Er zwingt zur gesetzgeberischen Anerkennung der besonderen Interessen der Arbeitnehmer

บังคับให้มีการยอมรับทางกฎหมายเกี่ยวกับผลประโยชน์เฉพาะของคนงาน

sie tut dies, indem sie sich die Spaltungen innerhalb der Bourgeoisie selbst zunutze macht

มันทำเช่นนี้โดยใช้ประโยชน์จากความแตกแยกระหว่างชนชั้นนายทุนเอง

Damit wurde das Zehnstundengesetz in England in Kraft gesetzt

ดังนั้นร่างกฎหมายสิบชั่วโมงในอังกฤษจึงถูกนำมาใช้เป็นกฎหมาย

in vielerlei Hinsicht ist der Zusammenstoß zwischen den
Klassen der alten Gesellschaft ferner der Entwicklungsgang
des Proletariats

ในหลาย ๆ
ด้านการปะทะกันระหว่างชนชั้นของสังคมเก่าเป็นแนวทางของกา
รพัฒนาของชนชั้นกรรมาชีพ

Die Bourgeoisie befindet sich in einem ständigen Kampf
ชนชั้นนายทุนพบว่าตัวเองมีส่วนร่วมในการต่อสู้อย่างต่อเนื่อง

**Zuerst wird sie sich in einem ständigen Kampf mit der
Aristokratie wiederfinden**
ในตอนแรกมันจะพบว่าตัวเองมีส่วนร่วมในการต่อสู้อย่างต่อเนื่อง
กับชนชั้นสูง

**später wird sie sich in einem ständigen Kampf mit diesen
Teilen der Bourgeoisie selbst wiederfinden**
ต่อมาจะพบว่าตัวเองมีส่วนร่วมในการต่อสู้อย่างต่อเนื่องกับส่วนเ
หล่านั้นของชนชั้นนายทุนเอง

**und ihre Interessen werden dem Fortschritt der Industrie
entgegengesetzt sein**
และผลประโยชน์ของพวกเขาจะกลายเป็นปฏิปักษ์ต่อความก้าวห
น้าของอุตสาหกรรม

**zu allen Zeiten werden ihre Interessen mit der Bourgeoisie
fremder Länder in Konflikt geraten sein**
ผลประโยชน์ของพวกเขาจะกลายเป็นปฏิปักษ์กับชนชั้นนายทุนข
องต่างประเทศตลอดเวลา

**In allen diesen Kämpfen sieht sie sich genötigt, an das
Proletariat zu appellieren, und bittet es um Hilfe**
ในการต่อสู้ทั้งหมดนี้พวกเขาเห็นว่าตัวเองถูกบังคับให้อุทธรณ์ต่อ
ชนชั้นกรรมาชีพและขอความช่วยเหลือจากชนชั้นกรรมาชีพ

Und so wird sie sich gezwungen sehen, sie in die politische Arena zu zerren

และด้วยเหตุนี้จึงรู้สึกว่าต้องลากมันเข้าสู่เวทีการเมือง

Die Bourgeoisie selbst versorgt also das Proletariat mit ihren eigenen Instrumenten der politischen und allgemeinen Erziehung

ชนชั้นนายทุนเองจึงจัดหาเครื่องมือการศึกษาทางการเมืองและการศึกษาทั่วไปให้กับชนชั้นกรรมาชีพ

mit anderen Worten, sie liefert dem Proletariat Waffen für den Kampf gegen die Bourgeoisie

กล่าวอีกนัยหนึ่งคือจัดหาอาวุธให้กับชนชั้นกรรมาชีพเพื่อต่อสู้กับชนชั้นนายทุน

Ferner werden, wie wir schon gesehen haben, ganze Schichten der herrschenden Klassen in das Proletariat hineingestürzt

นอกจากนี้

ดังที่เราได้เห็นไปแล้วว่าชนชั้นปกครองทั้งหมดถูกตกตะกอนในชนชั้นกรรมาชีพ

der Fortschritt der Industrie saugt sie in das Proletariat hinein

ความก้าวหน้าของอุตสาหกรรมดูดพวกเขาเข้าสู่ชนชั้นกรรมาชีพ

oder zumindest sind sie in ihren Existenzbedingungen bedroht

หรืออย่างน้อยพวกเขาก็ถูกคุกคามในสภาพการดำรงอยู่

Diese versorgen auch das Proletariat mit frischen Elementen der Aufklärung und des Fortschritts

สิ่งเหล่านี้ยังจัดหาองค์ประกอบใหม่ของการตรัสรู้และความก้าวหน้าให้กับชนชั้นกรรมาชีพ

Endlich, in Zeiten, in denen sich der Klassenkampf der entscheidenden Stunde nähert

ในที่สุด ในช่วงเวลาที่การต่อสู้ทางชนชั้นใกล้ถึงเวลาชี้ขาด

Der Auflösungsprozess innerhalb der herrschenden Klasse

กระบวนการสลายตัวที่เกิดขึ้นภายในชนชั้นปกครอง

In der Tat wird die Auflösung, die sich innerhalb der herrschenden Klasse vollzieht, in der gesamten Bandbreite der Gesellschaft zu spüren sein

ในความเป็นจริงการสลายตัวที่เกิดขึ้นภายในชนชั้นปกครองจะรู้สึกได้ภายในสังคมทั้งหมด

Sie wird einen so gewalttätigen, krassen Charakter annehmen, dass ein kleiner Teil der herrschenden Klasse sich selbst abtreibt

มันจะมีลักษณะที่รุนแรงและชัดเจนจนส่วนเล็ก ๆ ของชนชั้นปกครองตัดตัวเองลอยไป

Und diese herrschende Klasse wird sich der revolutionären Klasse anschließen

และชนชั้นปกครองจะเข้าร่วมชนชั้นปฏิวัติ

Die revolutionäre Klasse ist die Klasse, die die Zukunft in ihren Händen hält

ชนชั้นปฏิวัติเป็นชนชั้นที่ถืออนาคตไว้ในมือ

Wie in früheren Zeiten ging ein Teil des Adels zur Bourgeoisie über

เช่นเดียวกับในช่วงเวลาก่อนหน้านี้ส่วนหนึ่งของขุนนางได้ข้ามไปสู่ชนชั้นนายทุน

ebenso wird ein Teil der Bourgeoisie zum Proletariat übergehen

ในทำนองเดียวกันส่วนหนึ่งของชนชั้นนายทุนจะข้ามไปสู่ชนชั้นกรรมาชีพ

insbesondere wird ein Teil der Bourgeoisie zu einem Teil
der Bourgeoisie Ideologen übergehen

โดยเฉพาะอย่างยิ่งส่วนหนึ่งของชนชั้นนายทุนจะข้ามไปยังส่วนห
นึ่งของอุดมการณ์ชนชั้นนายทุน

Bourgeoisie Ideologen, die sich auf die Ebene erhoben
haben, die historische Bewegung als Ganzes theoretisch zu
begreifen

นักอุดมการณ์ชนชั้นกลางที่ยกระดับตัวเองให้อยู่ในระดับของการ
ทำความเข้าใจในทางทฤษฎีการเคลื่อนไหวทางประวัติศาสตร์โดย
รวม

Von allen Klassen, die heute der Bourgeoisie
gegenüberstehen, ist das Proletariat allein eine wirklich
revolutionäre Klasse

ในบรรดาชนชั้นทั้งหมดที่เผชิญหน้ากับชนชั้นนายทุนในปัจจุบันช
นชั้นกรรมาชีพเพียงอย่างเดียวเป็นชนชั้นปฏิวัติอย่างแท้จริง

Die anderen Klassen zerfallen und verschwinden
schließlich im Angesicht der modernen Industrie

ชนชั้นอื่น ๆ

เสื่อมโทรมและหายไปในที่สุดเมื่อเผชิญกับอุตสาหกรรมสมัยใหม่

das Proletariat ist ihr besonderes und wesentliches Produkt

ชนชั้นกรรมาชีพเป็นผลิตภัณฑ์พิเศษและจำเป็น

Die untere Mittelschicht, der kleine Fabrikant, der
Ladenbesitzer, der Handwerker, der Bauer

ชนชั้นกลางระดับล่าง ผู้ผลิตรายย่อย เจ้าของร้าน ช่างฝีมือ ชาวนา

all diese Kämpfe gegen die Bourgeoisie

ทั้งหมดนี้ต่อสู้กับชนชั้นนายทุน

Sie kämpfen als Fraktionen der Mittelschicht, um sich vor
dem Aussterben zu retten

พวกเขาต่อสู้ในฐานะเศษส่วนของชนชั้นกลางเพื่อช่วยตัวเองจากการสูญพันธุ์

Sie sind also nicht revolutionär, sondern konservativ
พวกเขาจึงไม่ใช่การปฏิวัติ แต่อนุรักษ์นิยม

Ja, mehr noch, sie sind reaktionär, denn sie versuchen, das Rad der Geschichte zurückzudrehen
พวกเขาเป็นปฏิกิริยาเพราะพวกเขาพยายามย้อนกลับวงล้อแห่งประวัติศาสตร์

Wenn sie zufällig revolutionär sind, so sind sie es nur im Hinblick auf ihre bevorstehende Überführung in das Proletariat
หากบังเอิญพวกเขาปฏิวัติ

พวกเขาก็เป็นเช่นนั้นก็ต่อเมื่อพิจารณาถึงการถ่ายโอนที่ใกล้เข้ามาในชนชั้นกรรมาชีพ

Sie verteidigen also nicht ihre gegenwärtigen, sondern ihre zukünftigen Interessen
ดังนั้นพวกเขาจึงไม่ได้ปกป้องปัจจุบัน

แต่เป็นผลประโยชน์ในอนาคตของพวกเขา

sie verlassen ihren eigenen Standpunkt, um sich auf den des Proletariats zu stellen
พวกเขาละทิ้งจุดยืนของตนเองเพื่อวางตัวเองไว้ที่จุดยืนของชนชั้นกรรมาชีพ

Die »gefährliche Klasse«, der soziale Abschaum, diese passiv verrottende Masse, die von den untersten Schichten der alten Gesellschaft abgeworfen wird

"ชนชั้นอันตราย" ขยะทางสังคม

มวลที่เน่าเปื่อยอย่างเฉยเมยที่ถูกโยนทิ้งโดยชั้นล่างสุดของสังคมเก่า ๆ

sie können hier und da von einer proletarischen Revolution in die Bewegung hineingerissen werden

พวกเขาอาจถูกกวาดล้างเข้าไปในขบวนการ โดยการปฏิวัติชนชั้นกรรมาชีพที่นี่

Seine Lebensbedingungen bereiten ihn jedoch viel mehr auf die Rolle eines bestochenen Werkzeugs reaktionärer Intrigen vor

อย่างไรก็ตาม

สภาพชีวิตของมันเตรียมมันให้พร้อมมากขึ้นสำหรับส่วนของเครื่องมือติดสินบนของอุบายปฏิกิริยา

In den Verhältnissen des Proletariats sind die Verhältnisse der alten Gesellschaft im Allgemeinen bereits praktisch überschwemmt

ในสภาพของชนชั้นกรรมาชีพ

สังคมเก่าโดยรวมแทบจะท่วมท้นอยู่แล้ว

Der Proletarier ist ohne Eigentum

ชนชั้นกรรมาชีพไม่มีทรัพย์สิน

sein Verhältnis zu Frau und Kindern hat mit den Familienverhältnissen der Bourgeoisie nichts mehr gemein

ความสัมพันธ์ของเขากับภรรยาและลูก ๆ

ของเขาไม่มีอะไรเหมือนกันกับความสัมพันธ์ในครอบครัวของชนชั้นนายทุนอีกต่อไป

moderne industrielle Arbeit, moderne Unterwerfung unter das Kapital, dasselbe in England wie in Frankreich, in Amerika wie in Deutschland

แรงงานอุตสาหกรรมสมัยใหม่การอยู่ภายใต้ทุนสมัยใหม่ในอังกฤ

ษเช่นเดียวกับในฝรั่งเศสในอเมริกาเช่นเดียวกับในเยอรมนี

Seine Stellung in der Gesellschaft hat ihm jede Spur von nationalem Charakter genommen

สภาพของเขาในสังคมทำให้เขาขาดร่องรอยของลักษณะประจำชา

ติ

Gesetz, Moral, Religion sind für ihn so viele Bourgeoisie Vorurteile

กฎหมาย ศีลธรรม ศาสนา

เป็นอคติของชนชั้นกลางมากมายสำหรับเขา

und hinter diesen Vorurteilen lauern ebenso viele Bourgeoisie Interessen

และเบื้องหลังอคติเหล่านี้แฝงตัวอยู่ในการซุ่มโจมตีเช่นเดียวกับผล

ประโยชน์ของชนชั้นนายทุนจำนวนมาก

Alle vorhergehenden Klassen, die die Oberhand gewannen, versuchten, ihren bereits erworbenen Status zu festigen

ชนชั้นก่อนหน้านี้ทั้งหมดที่ได้เปรียบพยายามเสริมสถานะที่ได้มา

แล้ว

Sie taten dies, indem sie die Gesellschaft als Ganzes ihren Aneignungsbedingungen unterwarfen

พวกเขาทำเช่นนี้โดยให้สังคมโดยรวมอยู่ภายใต้เงื่อนไขการจัดสร

รของพวกเขา

Die Proletarier können nicht Herren der Produktivkräfte der Gesellschaft werden

ชนชั้นกรรมาชีพไม่สามารถเป็นเจ้านายของกำลังการผลิตของสังค

มได้

Sie kann dies nur tun, indem sie ihre eigene bisherige Aneignungsweise abschafft

สามารถทำได้โดยการยกเลิกรูปแบบการจัดสรรก่อนหน้านี้ของตน
เองเท่านั้น

**Und damit hebt sie auch jede andere bisherige
Aneignungsweise auf**

และด้วยเหตุนี้จึงยกเลิกรูปแบบการจัดสรรอื่น ๆ ก่อนหน้านี้ด้วย

Sie haben nichts Eigenes zu sichern und zu festigen

พวกเขาไม่มีอะไรของตัวเองที่จะรักษาความปลอดภัยและเสริมกำ
ลัง

**Ihre Aufgabe ist es, alle bisherigen Sicherheiten und
Versicherungen für individuelles Eigentum zu vernichten**

ภารกิจของพวกเขาคือการทำลายหลักทรัพย์ก่อนหน้านี้ทั้งหมดสำ
หรับการประกันภัยทรัพย์สินส่วนบุคคล

**Alle bisherigen historischen Bewegungen waren
Bewegungen von Minderheiten**

การเคลื่อนไหวทางประวัติศาสตร์ก่อนหน้านี้ทั้งหมดเป็นการเคลื่อ
นไหวของชนกลุ่มน้อย

**oder es handelte sich um Bewegungen im Interesse von
Minderheiten**

หรือเป็นการเคลื่อนไหวเพื่อผลประโยชน์ของชนกลุ่มน้อย

**Die proletarische Bewegung ist die selbstbewusste,
selbständige Bewegung der ungeheuren Mehrheit**

ขบวนการชนชั้นกรรมาชีพเป็นขบวนการที่ตระหนักในตนเองและ
เป็นอิสระของคนส่วนใหญ่

Und es ist eine Bewegung im Interesse der großen Mehrheit

และเป็นการเคลื่อนไหวเพื่อผลประโยชน์ของคนส่วนใหญ่

**Das Proletariat, die unterste Schicht unserer heutigen
Gesellschaft**

ชนชั้นกรรมาชีพชั้นล่างสุดของสังคมปัจจุบันของเรา

Sie kann sich nicht regen oder erheben, ohne daß die ganze übergeordnete Schicht der offiziellen Gesellschaft in die Luft geschleudert wird

มันไม่สามารถปลุกปั่นหรือยกตัวเองขึ้นมาได้หากไม่มีชั้นผู้ดำรงตำแหน่งสูงสุดของสังคมอย่างเป็นทางการที่ผุดขึ้นสู่อากาศ

Der Kampf des Proletariats mit der Bourgeoisie ist, wenn auch nicht der Substanz nach, doch zunächst ein nationaler Kampf

แม้ว่าจะไม่ใช่สาระสำคัญ

แต่ในรูปแบบการต่อสู้ของชนชั้นกรรมาชีพกับชนชั้นนายทุนในตอนแรกเป็นการต่อสู้ระดับชาติ

Das Proletariat eines jeden Landes muss natürlich vor allem mit seiner eigenen Bourgeoisie abrechnen

แน่นอนว่าชนชั้นกรรมาชีพของแต่ละประเทศต้องจัดการเรื่องต่างๆ กับชนชั้นนายทุนของตนเองก่อนอื่น

Indem wir die allgemeinsten Phasen der Entwicklung des Proletariats schilderten, verfolgten wir den mehr oder weniger verhüllten Bürgerkrieg

ในการพรรณนาถึงขั้นตอนทั่วไปที่สุดของการพัฒนาของชนชั้นกรรมาชีพเราติดตามสงครามกลางเมืองที่ปิดบังไม่มากก็น้อย

Diese Zivilgesellschaft wütet in der bestehenden Gesellschaft

พลเรือนนี้กำลังโหมกระหน่ำในสังคมที่มีอยู่

Er wird bis zu dem Punkt wüten, an dem dieser Krieg in eine offene Revolution ausbricht

มันจะดุเดือดจนถึงจุดที่สงครามนั้นปะทุขึ้นเป็นการปฏิวัติอย่างเปิดเผย

und dann legt der gewaltsame Sturz der Bourgeoisie die Grundlage für die Herrschaft des Proletariats

จากนั้นการโค่นล้มชนชั้นนายทุนอย่างรุนแรงก็วางรากฐานสำหร
บอิทธิพลของชนชั้นกรรมาชีพ

Bisher beruhte jede Gesellschaftsform, wie wir bereits gesehen haben, auf dem Antagonismus unterdrückender und unterdrückter Klassen
สังคมทุกรูปแบบมีพื้นฐานมาจากความเป็นปฏิปักษ์ของชนชั้นที่ก
ดขี่และถูกกดขี่อย่างที่เราได้เห็นแล้ว

Um aber eine Klasse zu unterdrücken, müssen ihr gewisse Bedingungen zugesichert werden
แต่เพื่อที่จะกดขี่ชนชั้นต้องมั่นใจในเงื่อนไขบางประการ

Die Klasse muss unter Bedingungen gehalten werden, unter denen sie wenigstens ihre sklavische Existenz fortsetzen kann
ชนชั้นต้องอยู่ภายใต้เงื่อนไขที่อย่างน้อยก็สามารถดำรงอยู่แบบทา
สต่อไปได้

Der Leibeigene erhob sich in der Zeit der Leibeigenschaft zum Mitglied der Kommune
ทาสในช่วงเวลาของการเป็นทาสได้ยกตัวเองให้เป็นสมาชิกในชุม
ชน

so wie es dem Kleinbourgeoisie unter dem Joch des feudalen Absolutismus gelang, sich zur Bourgeoisie zu entwickeln
เช่นเดียวกับชนชั้นนายทุนเล็ก ๆ

ภายใต้แอกของระบอบสมบูรณาญาสิทธิราชย์ศักดินาสามารถพัฒ
นาเป็นชนชั้นนายทุนได้

Der moderne Arbeiter dagegen sinkt, anstatt sich mit dem Fortschritt der Industrie zu erheben, immer tiefer

ในทางตรงกันข้ามแรงงานสมัยใหม่แทนที่จะลุกขึ้นพร้อมกับความ
ก้าวหน้าของอุตสาหกรรม

**Er sinkt unter die Existenzbedingungen seiner eigenen
Klasse**

เขาจมอยู่ใต้เงื่อนไขการดำรงอยู่ของชนชั้นของเขาเอง

**Er wird ein Bettler, und der Pauperismus entwickelt sich
schneller als Bevölkerung und Reichtum**

เขากลายเป็นคนยากจน

และความยากจนพัฒนาเร็วกว่าประชากรและความมั่งคั่ง

**Und hier zeigt sich, dass die Bourgeoisie nicht mehr
geeignet ist, die herrschende Klasse in der Gesellschaft zu
sein**

และที่นี่เห็นได้ชัดว่าชนชั้นนายทุนไม่เหมาะสมที่จะเป็นชนชั้นปก
ครองในสังคมอีกต่อไป

**und sie ist ungeeignet, der Gesellschaft ihre
Existenzbedingungen als übergeordnetes Gesetz
aufzuzwingen**

และไม่เหมาะสมที่จะกำหนดเงื่อนไขการดำรงอยู่ของตนต่อสังคมเ
ป็นกฎหมายที่เหนือกว่า

**Sie ist unfähig zu herrschen, weil sie unfähig ist, ihrem
Sklaven in seiner Sklaverei eine Existenz zu sichern**

มันไม่เหมาะสมที่จะปกครองเพราะมันไร้ความสามารถที่จะรับรอ
งการดำรงอยู่ของทาสภายในความเป็นทาสของเขา

**denn sie kann nicht anders, als ihn in einen solchen Zustand
sinken zu lassen, daß sie ihn ernähren muss, statt von ihm
gefüttert zu werden**

เพราะมันอดไม่ได้ที่จะปล่อยให้เขาจมอยู่ในสภาพที่มันต้องเลี้ยงดู
ขาแทนที่จะถูกเขาเลี้ยงดู

Die Gesellschaft kann nicht länger unter dieser Bourgeoisie leben

สังคมไม่สามารถอยู่ภายใต้ชนชั้นนายทุนนี้ได้อีกต่อไป

Mit anderen Worten, ihre Existenz ist nicht mehr mit der Gesellschaft vereinbar

กล่าวอีกนัยหนึ่งการดำรงอยู่ของมันไม่สามารถเข้ากันได้กับสังคมอีกต่อไป

Die wesentliche Bedingung für die Existenz und die Herrschaft der Bourgeoisie Klasse ist die Bildung und Vermehrung des Kapitals

เงื่อนไขสำคัญสำหรับการดำรงอยู่และอิทธิพลของชนชั้นนายทุนคือการก่อตัวและการเพิ่มทุน

Die Bedingung für das Kapital ist Lohnarbeit

เงื่อนไขของทุนคือแรงงานค่าจ้าง

Die Lohnarbeit beruht ausschließlich auf der Konkurrenz zwischen den Arbeitern

แรงงานค่าจ้างขึ้นอยู่กับการแข่งขันระหว่างแรงงานเท่านั้น

Der Fortschritt der Industrie, deren unfreiwilliger Förderer die Bourgeoisie ist, tritt an die Stelle der Isolierung der Arbeiter

ความก้าวหน้าของอุตสาหกรรมซึ่งผู้สนับสนุนโดยไม่สมัครใจคือชนชั้นนายทุนเข้ามาแทนที่ความโดดเดี่ยวของแรงงาน

durch die Konkurrenz, durch ihre revolutionäre Kombination, durch die Assoziation

เนื่องจากการแข่งขัน เนื่องจากการผสมผสานที่ปฏิวัติวงการ เนื่องจากการเชื่อมโยง

Die Entwicklung der modernen Industrie schneidet ihr die Grundlage unter den Füßen weg, auf der die Bourgeoisie Produkte produziert und sich aneignet

การพัฒนาอุตสาหกรรมสมัยใหม่ตัดรากฐานที่ชนชั้นนายทุนผลิตแ
ละจัดสรรผลิตภัณฑ์จากใต้เท้า

Was die Bourgeoisie vor allem produziert, sind ihre eigenen Totengräber
สิ่งที่ชนชั้นนายทุนผลิตขึ้นเหนือสิ่งอื่นใดคือคนขุดหลุมฝังศพของ
ตัวเอง

Der Sturz der Bourgeoisie und der Sieg des Proletariats sind gleichermaßen unvermeidlich
การล่มสลายของชนชั้นนายทุนและชัยชนะของชนชั้นกรรมาชีพเป็
นสิ่งที่หลีกเลี่ยงไม่ได้ไม่แพ้กัน

Proletarier und Kommunisten
ชนชั้นกรรมาชีพและคอมมิวนิสต์

In welchem Verhältnis stehen die Kommunisten zu den Proletariern insgesamt?

คอมมิวนิสต์ยืนหยัดอย่างไรกับชนชั้นกรรมาชีพโดยรวม?

Die Kommunisten bilden keine eigene Partei, die anderen Arbeiterparteien entgegengesetzt ist

คอมมิวนิสต์ไม่ได้จัดตั้งพรรคแยกต่างหากที่ต่อต้านพรรคชนชั้นแรงงานอื่น ๆ

Sie haben keine Interessen, die von denen des Proletariats als Ganzes getrennt und getrennt sind

พวกเขาไม่มีผลประโยชน์ที่แยกจากกันและแยกจากผลประโยชน์ของชนชั้นกรรมาชีพโดยรวม

Sie stellen keine eigenen sektiererischen Prinzipien auf, nach denen sie die proletarische Bewegung formen und formen könnten

พวกเขาไม่ได้กำหนดหลักการนิกายใด ๆ

ของตนเองเพื่อกำหนดและหล่อหลอมขบวนการชนชั้นกรรมาชีพ

Die Kommunisten unterscheiden sich von den anderen Arbeiterparteien nur durch zwei Dinge

คอมมิวนิสต์แตกต่างจากพรรคชนชั้นแรงงานอื่น ๆ

ด้วยสองสิ่งเท่านั้น

Erstens: Sie weisen auf die gemeinsamen Interessen des gesamten Proletariats hin und bringen sie in den Vordergrund, unabhängig von jeder Nationalität

ประการแรก

พวกเขาชี้ให้เห็นและนำผลประโยชน์ร่วมกันของชนชั้นกรรมาชีพ

ทั้งหมดมาสู่แนวหน้า โดยไม่ขึ้นกับทุกสัญชาติ

Das tun sie in den nationalen Kämpfen der Proletarier der verschiedenen Länder

สิ่งนี้พวกเขาทำในการต่อสู้ระดับชาติของชนชั้นกรรมาชีพของประเทศต่างๆ

Zweitens vertreten sie immer und überall die Interessen der gesamten Bewegung

ประการที่สอง

พวกเขาเป็นตัวแทนของผลประโยชน์ของขบวนการโดยรวมเสมอและทุกที่

das tun sie in den verschiedenen Entwicklungsstadien, die der Kampf der Arbeiterklasse gegen die Bourgeoisie zu durchlaufen hat

สิ่งนี้พวกเขาทำในขั้นตอนต่างๆ ของการพัฒนา

ซึ่งการต่อสู้ของชนชั้นแรงงานต่อต้านชนชั้นนายทุนต้องผ่านไป

Die Kommunisten sind also auf der einen Seite praktisch der fortschrittlichste und entschiedenste Teil der Arbeiterparteien eines jeden Landes

ดังนั้นคอมมิวนิสต์จึงเป็นส่วนที่ก้าวหน้าและเด็ดเดี่ยวที่สุดของพรรคชนชั้นแรงงานของทุกประเทศ

Sie sind der Teil der Arbeiterklasse, der alle anderen vorantreibt

พวกเขาเป็นส่วนหนึ่งของชนชั้นแรงงานที่ผลักดันให้คนอื่น ๆ ก้าวไปข้างหน้า

Theoretisch haben sie auch den Vorteil, dass sie die Marschlinie klar verstehen

ในทางทฤษฎีพวกเขายังมีข้อได้เปรียบในการเข้าใจแนวการเดินขบวนอย่างชัดเจน

Das verstehen sie besser im Vergleich zu der großen Masse des Proletariats

สิ่งนี้พวกเขาเข้าใจได้ดีกว่าเมื่อเทียบกับมวลชนชั้นกรรมาชีพที่ยิ่งใหญ่

Sie verstehen die Bedingungen und die letzten allgemeinen Ergebnisse der proletarischen Bewegung
พวกเขาเข้าใจเงื่อนไขและผลลัพธ์ทั่วไปสูงสุดของขบวนการชนชั้นกรรมาชีพ

Das unmittelbare Ziel des Kommunisten ist dasselbe wie das aller anderen proletarischen Parteien
เป้าหมายเฉพาะหน้าของคอมมิวนิสต์เหมือนกับพรรคกรรมาชีพอื่น ๆ ทั้งหมด

Ihr Ziel ist die Formierung des Proletariats zu einer Klasse
จุดมุ่งหมายของพวกเขาคือการก่อตัวของชนชั้นกรรมาชีพให้เป็นชนชั้น

sie zielen darauf ab, die Vorherrschaft der Bourgeoisie zu stürzen
พวกเขาตั้งเป้าที่จะโค่นล้มอำนาจสูงสุดของชนชั้นนายทุน

das Streben nach politischer Machteroberung durch das Proletariat
ความพยายามเพื่อพิชิตอำนาจทางการเมืองโดยชนชั้นกรรมาชีพ

Die theoretischen Schlußfolgerungen der Kommunisten beruhen in keiner Weise auf Ideen oder Prinzipien der Reformer
ข้อสรุปทางทฤษฎีของคอมมิวนิสต์ไม่ได้อยู่บนพื้นฐานของแนวคิดหรือหลักการของนักปฏิรูป

es waren keine Möchtegern-Universalreformer, die die theoretischen Schlussfolgerungen der Kommunisten erfunden oder entdeckt haben

ไม่ใช่นักปฏิรูปสากลที่คิดค้นหรือค้นพบข้อสรุปทางทฤษฎีของคอมมิวนิสต์

Sie drücken lediglich in allgemeinen Begriffen tatsächliche Verhältnisse aus, die aus einem bestehenden Klassenkampf hervorgehen

พวกเขาเพียงแสดงความสัมพันธ์ที่แท้จริงที่เกิดขึ้นจากการต่อสู้ทางชนชั้นที่มีอยู่ในแง่ทั่วไป

Und sie beschreiben die historische Bewegung, die sich unter unseren Augen abspielt und die diesen Klassenkampf hervorgebracht hat

และพวกเขาอธิบายถึงการเคลื่อนไหวทางประวัติศาสตร์ที่เกิดขึ้นภายใต้สายตาของเราที่สร้างการต่อสู้ทางชนชั้นนี้

Die Abschaffung bestehender Eigentumsverhältnisse ist keineswegs ein charakteristisches Merkmal des Kommunismus

การยกเลิกความสัมพันธ์ด้านทรัพย์สินที่มีอยู่ไม่ใช่ลักษณะเด่นของลัทธิคอมมิวนิสต์เลย

Alle Eigentumsverhältnisse in der Vergangenheit waren einem ständigen historischen Wandel unterworfen

ความสัมพันธ์ด้านทรัพย์สินทั้งหมดในอดีตมีการเปลี่ยนแปลงทางประวัติศาสตร์อย่างต่อเนื่อง

Und diese Veränderungen waren eine Folge der Veränderung der historischen Bedingungen

และการเปลี่ยนแปลงเหล่านี้เป็นผลมาจากการเปลี่ยนแปลงของสภาพทางประวัติศาสตร์

Die Französische Revolution zum Beispiel schaffte das Feudaleigentum zugunsten des Bourgeoisie Eigentums ab

ตัวอย่างเช่น การปฏิวัติฝรั่งเศส
ได้ยกเลิกทรัพย์สินของศักดินาเพื่อสนับสนุนทรัพย์สินของชนชั้น
นายทุน

**Das Unterscheidungsmerkmal des Kommunismus ist nicht
die Abschaffung des Eigentums im Allgemeinen**
ลักษณะเด่นของลัทธิคอมมิวนิสต์ไม่ใช่การยกเลิกทรัพย์สินโดยทั่ว
ไป

**aber das Unterscheidungsmerkmal des Kommunismus ist
die Abschaffung des Bourgeoisie Eigentums**
แต่ลักษณะเด่นของลัทธิคอมมิวนิสต์คือการยกเลิกทรัพย์สินของช
นชั้นนายทุน

**Aber das Privateigentum der modernen Bourgeoisie ist der
letzte und vollständigste Ausdruck des Systems der
Produktion und Aneignung von Produkten**
แต่ทรัพย์สินส่วนตัวของชนชั้นนายทุนสมัยใหม่เป็นการแสดงออก
ขั้นสุดท้ายและสมบูรณ์ที่สุดของระบบการผลิตและการจัดสรรผลิ
ตภัณฑ์

**Es ist der Endzustand eines Systems, das auf
Klassengegensätzen beruht, wobei der
Klassenantagonismus die Ausbeutung der Vielen durch die
Wenigen ist**
มันเป็นสถานะสุดท้ายของระบบที่มีพื้นฐานมาจากความเป็นปฏิป้
กษ์ทางชนชั้น

ซึ่งความเป็นปฏิปักษ์ทางชนชั้นคือการเอารัดเอาเปรียบคนจำนวน
มากโดยคนไม่กี่คน

**In diesem Sinne läßt sich die Theorie der Kommunisten in
einem einzigen Satz zusammenfassen; die Abschaffung des
Privateigentums**

ในแง่นี้ทฤษฎีของคอมมิวนิสต์อาจสรุปได้ในประโยคเดียว

การยกเลิกทรัพย์สินส่วนตัว

Uns Kommunisten hat man vorgeworfen, das Recht auf persönlichen Eigentumserwerb abschaffen zu wollen

พวกเราคอมมิวนิสต์ถูกตำหนิด้วยความปรารถนาที่จะยกเลิกสิทธิในการได้มาซึ่งทรัพย์สินส่วนตัว

Es wird behauptet, dass diese Eigenschaft die Frucht der eigenen Arbeit eines Menschen ist

มีการอ้างว่าทรัพย์สินนี้เป็นผลจากแรงงานของมนุษย์เอง

Und diese Eigenschaft soll die Grundlage aller persönlichen Freiheit, Aktivität und Unabhängigkeit sein.

และทรัพย์สินนี้ถูกกล่าวหาว่าเป็นรากฐานของเสรีภาพส่วนบุคคล กิจกรรมและความเป็นอิสระทั้งหมด

"Hart erkämpftes, selbst erworbenes, selbst verdientes Eigentum!"

"ทรัพย์สินที่ได้มาอย่างยากลำบาก ได้มาเอง และหามาเอง!"

Meinst du das Eigentum des kleinen Handwerkers und des Kleinbauern?

คุณหมายถึงทรัพย์สินของช่างฝีมือตัวเล็กและของชาวนาตัวเล็กหรือไม่?

Meinen Sie eine Form des Eigentums, die der Bourgeoisie Form vorausging?

คุณหมายถึงรูปแบบของทรัพย์สินที่นำหน้ารูปแบบชนชั้นนายทุนหรือไม่?

Es ist nicht nötig, sie abzuschaffen, die Entwicklung der Industrie hat sie zum großen Teil bereits zerstört

ไม่จำเป็นต้องยกเลิกว่าการพัฒนาอุตสาหกรรมได้ทำลายมันไปแล้วในระดับมาก

Und die Entwicklung der Industrie zerstört sie immer noch täglich

และการพัฒนาอุตสาหกรรมยังคงทำลายมันทุกวัน

Oder meinen Sie das moderne Bourgeoisie Privateigentum?

หรือคุณหมายถึงทรัพย์สินส่วนตัวของชนชั้นกลางสมัยใหม่?

Aber schafft die Lohnarbeit irgendein Eigentum für den Arbeiter?

แต่แรงงานค่าจ้างสร้างทรัพย์สินให้กับคนงานหรือไม่?

Nein, die Lohnarbeit schafft nicht ein bisschen von dieser Art von Eigentum!

ไม่ แรงงานค่าจ้างไม่ได้สร้างทรัพย์สินประเภทนี้แม้แต่นิดเดียว!

Was Lohnarbeit schafft, ist Kapital; jene Art von Eigentum, das Lohnarbeit ausbeutet

สิ่งที่แรงงานค่าจ้างสร้างขึ้นคือทุน

ทรัพย์สินประเภทที่เอารัดเอาเปรียบแรงงานค่าจ้าง

Das Kapital kann sich nur unter der Bedingung vermehren, daß es ein neues Angebot an Lohnarbeit für neue Ausbeutung erzeugt

ทุนไม่สามารถเพิ่มได้เว้นแต่มีเงื่อนไขในการจัดหาแรงงานค่าจ้างใหม่เพื่อการแสวงหาประโยชน์ใหม่

Das Eigentum in seiner jetzigen Form beruht auf dem Antagonismus von Kapital und Lohnarbeit

ทรัพย์สินในรูปแบบปัจจุบันมีพื้นฐานมาจากความเป็นปฏิปักษ์ของทุนและแรงงานค่าจ้าง

Betrachten wir beide Seiten dieses Antagonismus

ให้เราตรวจสอบทั้งสองด้านของความเป็นปฏิปักษ์นี้

Kapitalist zu sein bedeutet nicht nur, einen rein persönlichen Status zu haben

การเป็นนายทุนไม่ใช่แค่สถานะส่วนตัวเท่านั้น

Stattdessen bedeutet Kapitalist zu sein auch, einen sozialen Status in der Produktion zu haben

การเป็นนายทุนก็คือการมีสถานะทางสังคมในการผลิตด้วย

weil Kapital ein kollektives Produkt ist; Nur durch das gemeinsame Handeln vieler Mitglieder kann sie in Gang gesetzt werden

เพราะทุนเป็นผลิตภัณฑ์ส่วนรวม

โดยการกระทำที่เป็นเอกภาพของสมาชิกหลายคนเท่านั้นที่สามารถเริ่มดำเนินการได้

Aber dieses gemeinsame Handeln ist der letzte Ausweg und erfordert eigentlich alle Mitglieder der Gesellschaft

แต่การกระทำที่เป็นหนึ่งเดียวนี้เป็นทางเลือกสุดท้าย และจริงๆ แล้วต้องการสมาชิกทุกคนในสังคม

Das Kapital verwandelt sich in das Eigentum aller Mitglieder der Gesellschaft

ทุนถูกแปลงเป็นทรัพย์สินของสมาชิกทุกคนในสังคม

aber das Kapital ist also keine persönliche Macht; Es ist eine gesellschaftliche Macht

แต่ทุนจึงไม่ใช่อำนาจส่วนบุคคล มันเป็นอำนาจทางสังคม

Wenn also Kapital in gesellschaftliches Eigentum umgewandelt wird, so verwandelt sich dadurch nicht persönliches Eigentum in gesellschaftliches Eigentum

ดังนั้นเมื่อทุนถูกแปลงเป็นทรัพย์สินทางสังคมทรัพย์สินส่วนบุคคลจึงไม่ถูกเปลี่ยนเป็นทรัพย์สินทางสังคม

Nur der gesellschaftliche Charakter des Eigentums wird verändert und verliert seinen Klassencharakter

มันเป็นเพียงลักษณะทางสังคมของทรัพย์สินที่เปลี่ยนไปและสูญเสียลักษณะทางชนชั้น

Betrachten wir nun die Lohnarbeit

ตอนนี้ให้เราดูแรงงานค่าจ้าง

Der Durchschnittspreis der Lohnarbeit ist der Mindestlohn, d.h. das Quantum der Lebensmittel

ราคาเฉลี่ยของค่าจ้างแรงงานคือค่าจ้างขั้นต่ำ กล่าวคือ

ควอนตัมของวิธีการยังชีพ

Dieser Lohn ist für die bloße Existenz als Arbeiter absolut notwendig

ค่าจ้างนี้เป็นสิ่งจำเป็นอย่างยิ่งในการดำรงอยู่เปลือยเปล่าในฐานะแ

รงงาน

Was sich also der Lohnarbeiter durch seine Arbeit aneignet, genügt nur, um ein bloßes Dasein zu verlängern und zu reproduzieren

ดังนั้นสิ่งที่แรงงานรับจ้างจัดสรรโดยใช้แรงงานของเขาก็เพียงพอ

ที่จะยืดเยื้อและทำซ้ำการดำรงอยู่ที่เปลือยเปล่า

Wir beabsichtigen keineswegs, diese persönliche Aneignung der Arbeitsprodukte abzuschaffen

เราไม่ได้ตั้งใจที่จะยกเลิกการจัดสรรผลิตภัณฑ์แรงงานส่วนบุคคล

นี้

eine Aneignung, die für die Erhaltung und Reproduktion des menschlichen Lebens bestimmt ist

การจัดสรรที่ทำขึ้นเพื่อการบำรุงรักษาและสืบพันธุ์ชีวิตมนุษย์

Eine solche persönliche Aneignung der Arbeitsprodukte lässt keinen Überschuss übrig, mit dem man die Arbeit anderer befehlen könnte

การจัดสรรผลผลิตแรงงานเป็นการส่วนตัวดังกล่าวไม่ทิ้งส่วนเกิน

ที่จะสั่งการแรงงานของผู้อื่น

Alles, was wir beseitigen wollen, ist der erbärmliche Charakter dieser Aneignung

สิ่งที่เราต้องการกำจัดคือลักษณะที่น่าสังเวชของการจัดสรรนี้

die Aneignung, unter der der Arbeiter lebt, bloß um das Kapital zu vermehren

การจัดสรรที่แรงงานอาศัยอยู่เพียงเพื่อเพิ่มทุน

Er darf nur leben, soweit es das Interesse der herrschenden Klasse erfordert

เขาได้รับอนุญาตให้มีชีวิตอยู่ตราบเท่าที่ผลประโยชน์ของชนชั้นป

กครองต้องการเท่านั้น

In der Bourgeoisie Gesellschaft ist die lebendige Arbeit nur ein Mittel, um die akkumulierte Arbeit zu vermehren

ในสังคมชนชั้นกลางแรงงานที่มีชีวิตเป็นเพียงวิธีการเพิ่มแรงงานส

ะสม

In der kommunistischen Gesellschaft ist die akkumulierte Arbeit nur ein Mittel, um die Existenz des Arbeiters zu erweitern, zu bereichern und zu fördern

ในสังคมคอมมิวนิสต์แรงงานที่สะสมเป็นเพียงวิธีการขยายความรั่

ารวยเพื่อส่งเสริมการดำรงอยู่ของแรงงาน

In der Bourgeoisie Gesellschaft dominiert daher die Vergangenheit die Gegenwart

ในสังคมชนชั้นนายทุนจึงมีอำนาจเหนือปัจจุบัน

In der kommunistischen Gesellschaft dominiert die Gegenwart die Vergangenheit

ในสังคมคอมมิวนิสต์ปัจจุบันครอบงำอดีต

In der Bourgeoisie Gesellschaft ist das Kapital unabhängig und hat Individualität

ในสังคมชนชั้นนายทุนเป็นอิสระและมีความเป็นปัจเจกบุคคล

In der Bourgeoisie Gesellschaft ist der lebende Mensch abhängig und hat keine Individualität

ในสังคมชนชั้นนายทุน

บุคคลที่มีชีวิตอยู่นั้นขึ้นอยู่กับและ ไม่มีความเป็นปัจเจกบุคคล

Und die Abschaffung dieses Zustandes wird von der Bourgeoisie als Abschaffung der Individualität und Freiheit bezeichnet!

และการยกเลิกสภาวะของสิ่งต่าง ๆ นี้ถูกเรียกโดยชนชั้นนายทุนว่าการยกเลิกความเป็นปัจเจกบุคคลและเสรีภาพ!

Und man nennt sie mit Recht die Abschaffung von Individualität und Freiheit!

และมันถูกเรียกว่าการยกเลิกความเป็นปัจเจกบุคคลและเสรีภาพ!

Der Kommunismus strebt die Abschaffung der Bourgeoisie Individualität an

ลัทธิคอมมิวนิสต์มีจุดมุ่งหมายเพื่อการยกเลิกความเป็นปัจเจกบุคคลของชนชั้นนายทุน

Der Kommunismus strebt die Abschaffung der Unabhängigkeit der Bourgeoisie an

ลัทธิคอมมิวนิสต์ตั้งใจที่จะยกเลิกเอกราชของชนชั้นนายทุน

Die BourgeoisieFreiheit ist zweifellos das, was der Kommunismus anstrebt

เสรีภาพของชนชั้นกลางเป็นสิ่งที่คอมมิวนิสต์มุ่งเป้าไปที่อย่างไม่ต้องสงสัย

unter den gegenwärtigen Bourgeoisie Produktionsbedingungen bedeutet Freiheit freien Handel, freien Verkauf und freien Kauf

ภายใต้เงื่อนไขการผลิตของชนชั้นนายทุนในปัจจุบันเสรีภาพหมายถึงการค้าเสรีการขายและการซื้อเสรี

Aber wenn das Verkaufen und Kaufen verschwindet, verschwindet auch das freie Verkaufen und Kaufen

แต่ถ้าขายและซื้อหายไป

"Mutige Worte" der Bourgeoisie über den freien Verkauf und Kauf haben nur eine begrenzte Bedeutung

"คำพูดที่กล้าหาญ" ของชนชั้นนายทุนเกี่ยวกับการขายและการซื้อฟรีมีความหมายในความหมายที่จำกัดเท่านั้น

Diese Worte haben nur im Gegensatz zu eingeschränktem Verkauf und Kauf eine Bedeutung

คำเหล่านี้มีความหมายตรงกันข้ามกับการขายและการซื้อแบบจำกัดเท่านั้น

und diese Worte haben nur dann eine Bedeutung, wenn sie auf die gefesselten Händler des Mittelalters angewandt werden

และคำเหล่านี้มีความหมายก็ต่อเมื่อนำไปใช้กับพ่อค้าที่ถูกผูกมัดในยุคกลาง

und das setzt voraus, dass diese Worte überhaupt eine Bedeutung im Bourgeoisie Sinne haben

และถือว่าคำเหล่านี้มีความหมายในแง่ของชนชั้นนายทุน

aber diese Worte haben keine Bedeutung, wenn sie gebraucht werden, um sich gegen die kommunistische Abschaffung des Kaufens und Verkaufens zu wehren

แต่คำเหล่านี้ไม่มีความหมายเมื่อถูกใช้เพื่อต่อต้านการยกเลิกการซื้อและขายของคอมมิวนิสต์

die Worte haben keine Bedeutung, wenn sie gebraucht werden, um sich gegen die Abschaffung der Bourgeoisie Produktionsbedingungen zu wehren

คำนี้ไม่มีความหมายเมื่อถูกใช้เพื่อต่อต้านเงื่อนไขการผลิตของชนชั้นนายทุนที่ถูกยกเลิก

und sie haben keine Bedeutung, wenn sie benutzt werden,
um sich gegen die Abschaffung der Bourgeoisie selbst zu
wehren

และพวกเขาไม่มีความหมายเมื่อถูกใช้เพื่อต่อต้านการยกเลิกชนชั้น

นายทุนเอง

Sie sind entsetzt über unsere Absicht, das Privateigentum
abzuschaffen

คุณตกใจที่ความตั้งใจของเราที่จะกำจัดทรัพย์สินส่วนตัว

Aber in eurer jetzigen Gesellschaft ist das Privateigentum
für neun Zehntel der Bevölkerung bereits abgeschafft

ทรัพย์สินส่วนตัวถูกกำจัดไปแล้วสำหรับเก้าในสิบของประชากร

Die Existenz des Privateigentums für einige wenige beruht
einzig und allein darauf, dass es in den Händen von neun
Zehnteln der Bevölkerung nicht existiert

การดำรงอยู่ของทรัพย์สินส่วนตัวสำหรับคนไม่กี่คนนั้นเกิดจากกา

รไม่มีอยู่ในมือของประชากรเก้าในสิบ

Sie werfen uns also vor, daß wir eine Form des Eigentums
abschaffen wollen

ดังนั้นท่านจึงตำหนิเราด้วยเจตนาที่จะกำจัดทรัพย์สินรูปแบบหนึ่ง

Aber das Privateigentum erfordert für die ungeheure
Mehrheit der Gesellschaft die Nichtexistenz jeglichen
Eigentums

แต่ทรัพย์สินส่วนตัวจำเป็นต้องมีทรัพย์สินใด ๆ

สำหรับสังคมส่วนใหญ่

Mit einem Wort, Sie werfen uns vor, daß wir Ihr Eigentum
beseitigen wollen

พูดได้คำเดียวคุณตำหนิเราว่าตั้งใจจะกำจัดทรัพย์สินของคุณ

Und genau so ist es; Ihr Eigentum abzuschaffen, ist genau
das, was wir beabsichtigen

และมันเป็นอย่างนั้น

การกำจัดทรัพย์สินของคุณเป็นเพียงสิ่งที่เราตั้งใจไว้

Von dem Augenblick an, wo die Arbeit nicht mehr in Kapital, Geld oder Rente verwandelt werden kann

ตั้งแต่ช่วงเวลาที่แรงงานไม่สามารถเปลี่ยนเป็นทุน เงิน หรือค่าเช่าได้อีกต่อไป

wenn die Arbeit nicht mehr in eine gesellschaftliche Macht umgewandelt werden kann, die monopolisiert werden kann

เมื่อแรงงานไม่สามารถเปลี่ยนเป็นอำนาจทางสังคมที่สามารถผูกขาดได้อีกต่อไป

von dem Augenblick an, wo das individuelle Eigentum nicht mehr in Bourgeoisie Eigentum verwandelt werden kann

จากช่วงเวลาที่ทรัพย์สินส่วนบุคคลไม่สามารถเปลี่ยนเป็นทรัพย์สินของชนชั้นกลางได้อีกต่อไป

von dem Augenblick an, wo das individuelle Eigentum nicht mehr in Kapital verwandelt werden kann

ตั้งแต่ช่วงเวลาที่ทรัพย์สินส่วนบุคคลไม่สามารถเปลี่ยนเป็นทุนได้อีกต่อไป

Von diesem Moment an sagst du, dass die Individualität verschwindet

จากช่วงเวลานั้น คุณบอกว่าความเป็นปัจเจกบุคคลหายไป

Sie müssen also gestehen, daß Sie mit »Individuum« keine andere Person meinen als die Bourgeoisie

ดังนั้นคุณต้องสารภาพว่าคำว่า "ปัจเจกบุคคล"

คุณไม่ได้หมายถึงบุคคลอื่นนอกจากชนชั้นนายทุน

Sie müssen zugeben, dass es sich speziell auf den Bourgeoisie Eigentümer von Immobilien bezieht

คุณต้องสารภาพว่ามันหมายถึงเจ้าของทรัพย์สินชนชั้นกลางโดยเฉพาะ

Diese Person muss in der Tat aus dem Weg geräumt und unmöglich gemacht werden

บุคคลนี้ต้องถูกกวาดล้างให้พ้นทางและทำให้เป็นไปไม่ได้

Der Kommunismus beraubt niemanden der Macht, sich die Produkte der Gesellschaft anzueignen

ลัทธิคอมมิวนิสต์ไม่กีดกันอำนาจในการยึดครองผลิตภัณฑ์ของสังคม

Alles, was der Kommunismus tut, ist, ihm die Macht zu nehmen, die Arbeit anderer durch eine solche Aneignung zu unterjochen

ทั้งหมดที่ลัทธิคอมมิวนิสต์ทำคือการกีดกันอำนาจของเขาในการปราบปรามแรงงานของผู้อื่นด้วยการจัดสรรดังกล่าว

Man hat eingewendet, daß mit der Abschaffung des Privateigentums alle Arbeit aufhören werde

มีการคัดค้านว่าเมื่อมีการยกเลิกทรัพย์สินส่วนตัวงานทั้งหมดจะหยุดลง

Und dann wird suggeriert, dass uns die universelle Faulheit überwältigen wird

และจากนั้นก็แนะนำว่าความเกียจคร้านสากลจะครอบงำเรา

Demnach hätte die BourgeoisieGesellschaft schon längst vor lauter Müßiggang vor die Hunde gehen müssen

ด้วยเหตุนี้สังคมชนชั้นกลางควรจะไปหาสุนัขด้วยความเกียจคร้านอย่างแท้จริงเมื่อนานมาแล้ว

denn diejenigen ihrer Mitglieder, die arbeiten, erwerben nichts

เพราะสมาชิกที่ทำงานไม่ได้รับอะไรเลย

und diejenigen von ihren Mitgliedern, die etwas erwerben, arbeiten nicht

และสมาชิกที่ได้มาอย่างใดก็ไม่ทำงาน

Der ganze Einwand ist nur ein weiterer Ausdruck der Tautologie

การคัดค้านทั้งหมดนี้เป็นเพียงการแสดงออกอีกอย่างหนึ่งของคำพู

ด

Es kann keine Lohnarbeit mehr geben, wenn es kein Kapital mehr gibt

จะไม่มีแรงงานค่าจ้างอีกต่อไปเมื่อไม่มีทุนอีกต่อไป

Es gibt keinen Unterschied zwischen materiellen und mentalen Produkten

ไม่มีความแตกต่างระหว่างผลิตภัณฑ์วัสดุและผลิตภัณฑ์ทางจิต

Der Kommunismus schlägt vor, dass beides auf die gleiche Weise produziert wird

ลัทธิคอมมิวนิสต์เสนอทั้งสองสิ่งนี้ผลิตขึ้นในลักษณะเดียวกัน

aber die Einwände gegen die kommunistischen Produktionsweisen sind dieselben

แต่การคัดค้านรูปแบบคอมมิวนิสต์ในการผลิตสิ่งเหล่านี้ก็เหมือนกั

น

Für die Bourgeoisie ist das Verschwinden des Klasseneigentums das Verschwinden der Produktion selbst

สำหรับชนชั้นนายทุนการหายไปของทรัพย์สินทางชนชั้นคือการห

ายไปของการผลิตเอง

So ist für ihn das Verschwinden der Klassenkultur identisch mit dem Verschwinden aller Kultur

ดังนั้นการหายไปของวัฒนธรรมชนชั้นจึงเหมือนกับการหายไปขอ

งวัฒนธรรมทั้งหมด

Diese Kultur, deren Verlust er beklagt, ist für die überwiegende Mehrheit ein bloßes Training, um als Maschine zu agieren

วัฒนธรรมนั้นการสูญเสียที่เขาคร่ำครวญสำหรับคนส่วนใหญ่เป็นเพียงการฝึกฝนให้ทำหน้าที่เป็นเครื่องจักร

Die Kommunisten haben die Absicht, die Kultur des Bourgeoisie Eigentums abzuschaffen

คอมมิวนิสต์ตั้งใจที่จะยกเลิกวัฒนธรรมของทรัพย์สินของชนชั้นนายทุน

Aber zankt euch nicht mit uns, solange ihr den Maßstab eurer Bourgeoisie Vorstellungen von Freiheit, Kultur, Recht usw. anlegt

แต่อย่าทะเลาะกับเราตราบใดที่คุณใช้มาตรฐานของแนวคิดของชนชั้นนายทุนของคุณเกี่ยวกับเสรีภาพ วัฒนธรรม กฎหมาย ฯลฯ

Eure Ideen selbst sind nur die Auswüchse der Bedingungen eurer Bourgeoisie Produktion und eures Bourgeoisie Eigentums

ความคิดของคุณเป็นเพียงผลพวงของเงื่อนไขการผลิตชนชั้นนายทุนและทรัพย์สินของชนชั้นนายทุนของคุณ

so wie eure Jurisprudenz nichts anderes ist als der Wille eurer Klasse, der zum Gesetz für alle gemacht wurde

เช่นเดียวกับนิติศาสตร์ของคุณเป็นเพียงเจตจำนงของชนชั้นของคุณที่สร้างเป็นกฎหมายสำหรับทุกคน

Der wesentliche Charakter und die Richtung dieses Willens werden durch die ökonomischen Bedingungen bestimmt, die Ihre soziale Klasse schafft

ลักษณะและทิศทางที่สำคัญของสิ่งนี้จะถูกกำหนดโดยสภาพเศรษฐกิจที่ชนชั้นทางสังคมของคุณสร้างขึ้น

Der selbstsüchtige Irrtum, der dich veranlaßt, soziale Formen in ewige Gesetze der Natur und der Vernunft zu verwandeln

ความเข้าใจผิดที่เห็นแก่ตัวที่ชักจูงให้คุณเปลี่ยนรูปแบบทางสังคมให้เป็นกฎนิรันดร์ของธรรมชาติและเหตุผล

die gesellschaftlichen Formen, die aus eurer gegenwärtigen Produktionsweise und Eigentumsform entspringen

รูปแบบทางสังคมที่ผุดขึ้นจากรูปแบบการผลิตและรูปแบบของทรัพย์สินในปัจจุบันของคุณ

historische Beziehungen, die im Fortschritt der Produktion auf- und verschwinden

ความสัมพันธ์ทางประวัติศาสตร์ที่เพิ่มขึ้นและหายไปในความก้าวหน้าของการผลิต

Dieses Missverständnis teilt ihr mit jeder herrschenden Klasse, die euch vorausgegangen ist

ความเข้าใจผิดนี้ที่คุณแบ่งปันกับชนชั้นปกครองทุกคนที่มาก่อนหน้าคุณ

Was Sie bei antikem Eigentum klar sehen, was Sie bei feudalem Eigentum zugeben

สิ่งที่คุณเห็นอย่างชัดเจนในกรณีของทรัพย์สินโบราณสิ่งที่คุณยอมรับในกรณีของทรัพย์สินศักดินา

diese Dinge dürfen Sie natürlich nicht zugeben, wenn es sich um Ihre eigene BourgeoisieEigentumsform handelt

แน่นอนว่าสิ่งเหล่านี้คุณถูกห้ามไม่ให้ยอมรับในกรณีของทรัพย์สินรูปแบบชนชั้นนายทุนของคุณเอง

Abschaffung der Familie! Selbst die Radikalsten entrüsten sich über diesen infamen Vorschlag der Kommunisten

การเลิกครอบครัว!

แม้แต่ความรุนแรงที่สุดก็ลุกเป็นไฟกับข้อเสนอที่น่าอับอายของคอมมิวนิสต์

Auf welcher Grundlage beruht die heutige Familie, die BourgeoisieFamilie?

ครอบครัวปัจจุบันครอบครัวชนชั้นกลางตั้งอยู่บนรากฐานอะไร?

Die Gründung der heutigen Familie beruht auf Kapital und privatem Gewinn

รากฐานของครอบครัวปัจจุบันขึ้นอยู่กับเงินทุนและผลประโยชน์ส่วนตัว

In ihrer voll entwickelten Form existiert diese Familie nur unter der Bourgeoisie

ในรูปแบบที่พัฒนาอย่างสมบูรณ์ตระกูลนี้มีอยู่เฉพาะในหมู่ชนชั้นนายทุนเท่านั้น

Dieser Zustand der Dinge findet seine Ergänzung in der praktischen Abwesenheit der Familie bei den Proletariern

สภาวะของสิ่งต่าง ๆ

นี้พบส่วนเสริมในการขาดครอบครัวในทางปฏิบัติในหมู่ชนชั้นกรรมาชีพ

Dieser Zustand ist in der öffentlichen Prostitution zu finden

สภาพของสิ่งต่าง ๆ

นี้สามารถพบได้ในการค้าประเวณีในที่สาธารณะ

Die BourgeoisieFamilie wird wie selbstverständlich verschwinden, wenn ihr Komplement verschwindet

ตระกูลชนชั้นกลางจะหายไปอย่างแน่นอนเมื่อส่วนเสริมของมันหายไป

Und beides wird mit dem Verschwinden des Kapitals verschwinden

และทั้งสองนี้จะหายไปพร้อมกับการหายไปของทุน

Werfen Sie uns vor, dass wir die Ausbeutung von Kindern durch ihre Eltern stoppen wollen?

คุณกล่าวหาเราว่าต้องการหยุดการแสวงหาประโยชน์จากเด็กโดย

พ่อแม่ของพวกเขาหรือไม่?

Diesem Verbrechen bekennen wir uns schuldig

เราสารภาพว่ามีความผิด

Aber, werden Sie sagen, wir zerstören die heiligsten Beziehungen, wenn wir die häusliche Erziehung durch die soziale Erziehung ersetzen

แต่คุณจะบอกว่าเราทำลายความสัมพันธ์ที่ศักดิ์สิทธิ์ที่สุดเมื่อเราแท

นที่การศึกษาที่บ้านด้วยสังคมศึกษา

Ist Ihre Erziehung nicht auch sozial? Und wird sie nicht von den gesellschaftlichen Bedingungen bestimmt, unter denen man erzieht?

การศึกษาของคุณไม่ได้สังคมด้วยหรือ?

และมันไม่ได้ถูกกำหนดโดยสภาพสังคมที่คุณให้การศึกษาหรือ?

durch direkte oder indirekte Eingriffe in die Gesellschaft, durch Schulen usw.

โดยการแทรกแซงไม่ว่าทางตรงหรือทางอ้อมของสังคมโดยโรงเรี

ยน ฯลฯ

Die Kommunisten haben die Einmischung der Gesellschaft in die Erziehung nicht erfunden

คอมมิวนิสต์ไม่ได้คิดค้นการแทรกแซงของสังคมในการศึกษา

Sie versuchen lediglich, den Charakter dieses Eingriffs zu ändern

พวกเขาทำแต่พยายามเปลี่ยนลักษณะของการแทรกแซงนั้น

Und sie versuchen, das Bildungswesen vor dem Einfluss der herrschenden Klasse zu retten

และพวกเขาพยายามช่วยเหลือการศึกษาจากอิทธิพลของชนชั้นปกครอง

Die Bourgeoisie spricht von der geheiligten Beziehung von Eltern und Kind

ชนชั้นนายทุนพูดถึงความสัมพันธ์อันศักดิ์สิทธิ์ของพ่อแม่และลูก

aber dieses Geschwätz über die Familie und die Erziehung wird um so widerwärtiger, wenn wir die moderne Industrie betrachten

แต่กับดักปรบมือเกี่ยวกับครอบครัวและการศึกษานี้น่าขยะแขยงมากขึ้นเมื่อเรามองไปที่อุตสาหกรรมสมัยใหม่

Alle Familienbande unter den Proletariern werden durch die moderne Industrie zerrissen

ความสัมพันธ์ในครอบครัวทั้งหมดในหมู่ชนชั้นกรรมาชีพถูกฉีกขาดโดยอุตสาหกรรมสมัยใหม่

ihre Kinder werden zu einfachen Handelsartikeln und Arbeitsinstrumenten

ลูก ๆ

ของพวกเขาถูกเปลี่ยนเป็นสินค้าพาณิชย์และเครื่องมือแรงงานธรรมดา

Aber ihr Kommunisten würdet eine Gemeinschaft von Frauen schaffen, schreit die ganze Bourgeoisie im Chor

แต่พวกคุณคอมมิวนิสต์จะสร้างชุมชนของผู้หญิง

กรีดร้องชนชั้นนายทุนทั้งหมดเป็นเสียงประสานเสียง

Die Bourgeoisie sieht in seiner Frau ein bloßes Produktionsinstrument

ชนชั้นนายทุนมองว่าภรรยาของเขาเป็นเพียงเครื่องมือในการผลิต

Er hört, dass die Produktionsmittel von allen ausgebeutet werden sollen

เขาได้ยินว่าเครื่องมือในการผลิตจะถูกเอารัดเอาเปรียบโดยทุกคน

Und natürlich kann er zu keinem anderen Schluß kommen, als daß das Los, allen gemeinsam zu sein, auch den Frauen zufallen wird

และโดยธรรมชาติแล้วเขาไม่สามารถสรุปได้อื่นใดนอกจากว่าการเปื้นธรรมดาของทุกคนจะตกอยู่กับผู้หญิงเช่นเดียวกัน

Er hat nicht einmal den geringsten Verdacht, dass es in Wirklichkeit darum geht, die Stellung der Frau als bloße Produktionsinstrumente abzuschaffen

เขาไม่สงสัยด้วยซ้ำว่าประเด็นที่แท้จริงคือการกำจัดสถานะของผู้หญิงเป็นเพียงเครื่องมือในการผลิต

Im übrigen ist nichts lächerlicher als die tugendhafte Empörung unserer Bourgeoisie über die Gemeinschaft der Frauen

ส่วนที่เหลือไม่มีอะไรไร้สาระไปกว่าความโกรธเคืองอันดีงามของชนชั้นนายทุนของเราที่มีต่อชุมชนสตรี

sie tun so, als ob sie von den Kommunisten offen und offiziell eingeführt werden sollte

พวกเขาแสร้งทำเป็นว่ามันถูกจัดตั้งขึ้นอย่างเปิดเผยและเป็นทางการโดยคอมมิวนิสต์

Die Kommunisten haben es nicht nötig, die Gemeinschaft der Frauen einzuführen, sie existiert fast seit undenklichen Zeiten

คอมมิวนิสต์ไม่จำเป็นต้องแนะนำชุมชนของผู้หญิง

แต่มีมาเกือบตั้งแต่สมัยโบราณ

Unsere Bourgeoisie begnügt sich nicht damit, die Frauen und Töchter ihrer Proletarier zur Verfügung zu haben

ชนชั้นนายทุนของเราไม่พอใจกับการมีภรรยาและลูกสาวของชนชั้นกรรมาชีพอยู่ในมือของพวกเขา

Sie haben das größte Vergnügen daran, ihre Frauen gegenseitig zu verführen

พวกเขามีความสุขที่สุดในการเกลี้ยกล่อมภรรยาของกันและกัน

Und das ist noch nicht einmal von gewöhnlichen Prostituierten zu sprechen

และนั่นไม่ได้พูดถึงโสเภณีทั่วไป

Die BourgeoisieEhe ist in Wirklichkeit ein System gemeinsamer Ehefrauen

การแต่งงานของชนชั้นกลางในความเป็นจริงเป็นระบบของภรรยาทั่วไป

dann gibt es eine Sache, die man den Kommunisten vielleicht vorwerfen könnte

แล้วมีสิ่งหนึ่งที่คอมมิวนิสต์อาจถูกตำหนิ

Sie wollen eine offen legalisierte Gemeinschaft von Frauen einführen

พวกเขาปรารถนาที่จะแนะนำชุมชนสตรีที่ถูกกฎหมายอย่างเปิดเผย

statt einer heuchlerisch verhüllten Gemeinschaft von Frauen

แทนที่จะเป็นชุมชนผู้หญิงที่ปกปิดอย่างหน้าซื่อใจคด

Die Gemeinschaft der Frauen, die aus dem Produktionssystem hervorgegangen ist

ชุมชนสตรีที่ผุดขึ้นมาจากระบบการผลิต

Schafft das Produktionssystem ab, und ihr schafft die Gemeinschaft der Frauen ab

ยกเลิกระบบการผลิต และคุณยกเลิกชุมชนสตรี

Sowohl die öffentliche Prostitution als auch die private Prostitution wird abgeschafft

ทั้งการค้าประเวณีในที่สาธารณะถูกยกเลิกและการค้าประเวณีส่วน
ตัว

**Den Kommunisten wird noch dazu vorgeworfen, sie wollten
Länder und Nationalitäten abschaffen**
คอมมิวนิสต์ถูกตำหนิมากขึ้นด้วยความปรารถนาที่จะยกเลิกประเ
ทศและสัญชาติ

**Die Arbeiter haben kein Vaterland, also können wir ihnen
nicht nehmen, was sie nicht haben**
คนทำงานไม่มีประเทศ

ดังนั้นเราจึงไม่สามารถพรากสิ่งที่พวกเขาไม่มีจากพวกเขาได้

**Das Proletariat muss vor allem die politische Herrschaft
erlangen**
ชนชั้นกรรมาชีพต้องได้รับอำนาจสูงสุดทางการเมืองก่อนอื่น

**Das Proletariat muss sich zur führenden Klasse der Nation
erheben**
ชนชั้นกรรมาชีพต้องลุกขึ้นเป็นชนชั้นผู้นำของประเทศ

Das Proletariat muss sich zur Nation konstituieren
ชนชั้นกรรมาชีพต้องประกอบขึ้นเป็นชาติ

**sie ist bis jetzt selbst national, wenn auch nicht im
Bourgeoisie Sinne des Wortes**
จนถึงตอนนี้มันเป็นระดับชาติ

แม้ว่าจะไม่ใช่ในความหมายของชนชั้นนายทุนของคำนี้

**Nationale Unterschiede und Gegensätze zwischen den
Völkern verschwinden täglich mehr und mehr**
ความแตกต่างของชาติและความเป็นปฏิปักษ์ระหว่างชนชาติหายไ

ปทุกวัน

**der Entwicklung der Bourgeoisie, der Freiheit des Handels,
des Weltmarktes**

เนื่องจากการพัฒนาของชนชั้นนายทุน เสรีภาพในการค้า
สู่ตลาดโลก

**zur Gleichförmigkeit der Produktionsweise und der ihr
entsprechenden Lebensbedingungen**
เพื่อความสม่ำเสมอในรูปแบบการผลิตและในสภาพชีวิตที่สอดคล้
องกัน

**Die Herrschaft des Proletariats wird sie noch schneller
verschwinden lassen**
อำนาจสูงสุดของชนชั้นกรรมาชีพจะทำให้พวกเขาหายไปเร็วขึ้น

**Die einheitliche Aktion, wenigstens der führenden
zivilisierten Länder, ist eine der ersten Bedingungen für die
Befreiung des Proletariats**
การกระทำที่เป็นเอกภาพของประเทศอารยธรรมชั้นนำอย่างน้อยก็เ
ป็นหนึ่งในเงื่อนไขแรกสำหรับการปลดปล่อยชนชั้นกรรมาชีพ

**In dem Maße, wie der Ausbeutung eines Individuums durch
ein anderes ein Ende gesetzt wird, wird auch der
Ausbeutung einer Nation durch eine andere ein Ende
gesetzt.**
ในสัดส่วนการเอารัดเอาเปรียบบุคคลหนึ่งโดยอีกคนหนึ่งถูกยุติลง
การแสวงหาผลประโยชน์ของประเทศหนึ่งโดยอีกประเทศหนึ่งก็จ
ะยุติลงเช่นกัน

**In dem Maße, wie der Antagonismus zwischen den Klassen
innerhalb der Nation verschwindet, wird die Feindschaft
einer Nation gegen die andere ein Ende haben**
ตามสัดส่วนเมื่อความเป็นปฏิปักษ์ระหว่างชนชั้นภายในประเทศห
ายไปความเป็นปรปักษ์ของประเทศหนึ่งต่ออีกประเทศหนึ่งจะสิ้น
สุดลง

**Die Anschuldigungen gegen den Kommunismus, die von
einem religiösen, philosophischen und allgemein von einem**

ideologischen Standpunkt aus erhoben werden, verdienen keine ernsthafte Prüfung

ข้อกล่าวหาต่อลัทธิคอมมิวนิสต์ที่เกิดจากศาสนา ปรัชญา และ โดยทั่วไปจากมุมมองทางอุดมการณ์ ไม่สมควรได้รับการตรวจสอบอย่างจริงจัง

Braucht es eine tiefe Intuition, um zu begreifen, dass sich die Ideen, Ansichten und Vorstellungen des Menschen mit jeder Veränderung der Bedingungen seiner materiellen Existenz ändern?

ต้องใช้สัญชาตญาณที่ลึกซึ้งในการเข้าใจว่าความคิด มุมมอง และแนวคิดของมนุษย์เปลี่ยนแปลงไปตามการเปลี่ยนแปลงทุกครั้งในเงื่อนไขของการดำรงอยู่ทางวัตถุของเขา?

Ist es nicht offensichtlich, dass das Bewusstsein des Menschen sich Verändert, wenn seine sozialen Beziehungen und sein soziales Leben ändern?

ไม่ชัดเจนหรือว่าจิตสำนึกของมนุษย์เปลี่ยนไปเมื่อความสัมพันธ์ทางสังคมและชีวิตทางสังคมของเขาเปลี่ยนไป?

Was beweist die Ideengeschichte anderes, als daß die geistige Produktion ihren Charakter in dem Maße ändert, wie die materielle Produktion verändert wird?

ประวัติศาสตร์ของความคิดพิสูจน์อะไรอีกนอกเหนือจากการผลิตทางปัญญาที่เปลี่ยนลักษณะตามสัดส่วนเมื่อการผลิตวัสดุเปลี่ยนไป

Die herrschenden Ideen eines jeden Zeitalters waren immer die Ideen seiner herrschenden Klasse

แนวคิดการปกครองของแต่ละยุคเคยเป็นความคิดของชนชั้นปกครอง

Wenn Menschen von Ideen sprechen, die die Gesellschaft revolutionieren, drücken sie nur eine Tatsache aus

เมื่อผู้คนพูดถึงแนวคิดที่ปฏิวัติสังคม

Innerhalb der alten Gesellschaft wurden die Elemente einer neuen geschaffen

ภายในสังคมเก่าองค์ประกอบของสังคมใหม่ได้ถูกสร้างขึ้น

und daß die Auflösung der alten Ideen mit der Auflösung der alten Daseinsverhältnisse Schritt hält

และการสลายตัวของความคิดเก่า ๆ

นั้นสอดคล้องกับการสลายตัวของเงื่อนไขการดำรงอยู่แบบเก่า

Als die Antike in den letzten Zügen lag, wurden die alten Religionen vom Christentum überwunden

เมื่อโลกโบราณอยู่ในความเจ็บปวดครั้งสุดท้ายศาสนาโบราณถูกก

รอบงำโดยศาสนาคริสต์

Als die christlichen Ideen im 18. Jahrhundert den rationalistischen Ideen erlagen, kämpfte die feudale Gesellschaft ihren Todeskampf mit der damals revolutionären Bourgeoisie

เมื่อความคิดของคริสเตียนยอมจำนนต่อแนวคิดที่มีเหตุผลนิยมใน

ศตวรรษที่ 18

สังคมศักดินาต่อสู้กับชนชั้นนายทุนที่ปฏิวัติในขณะนั้น

Die Ideen der Religions- und Gewissensfreiheit brachten lediglich die Herrschaft des freien Wettbewerbs auf dem Gebiet des Wissens zum Ausdruck

แนวคิดเรื่องเสรีภาพทางศาสนาและเสรีภาพของมโนธรรมเป็นเพีย

งการแสดงออกถึงอิทธิพลของการแข่งขันอย่างเสรีภายในขอบเขต

ของความรู้

"Zweifellos", wird man sagen, "sind religiöse, moralische, philosophische und juristische Ideen im Laufe der geschichtlichen Entwicklung modifiziert worden"

"ไม่ต้องสงสัยเลย" จะกล่าวได้ว่า "แนวคิดทางศาสนา ศีลธรรม ปรัชญา

และนิติศาสตร์ได้รับการแก้ไขในหลักสูตรของการพัฒนาทางประวัติศาสตร์"

"Aber Religion, Moralphilosophie, Politikwissenschaft und Recht überlebten diesen Wandel ständig."

"แต่ศาสนา ปรัชญาศีลธรรม รัฐศาสตร์ และกฎหมาย

รอดชีวิตจากการเปลี่ยนแปลงนี้อย่างต่อเนื่อง"

"Es gibt auch ewige Wahrheiten, wie Freiheit, Gerechtigkeit usw."

"นอกจากนี้ยังมีความจริงนิรันดร์ เช่น เสรีภาพ ความยุติธรรม

ฯลฯ"

"Diese ewigen Wahrheiten sind allen Zuständen der Gesellschaft gemeinsam"

ความจริงนิรันดร์เหล่านี้เป็นเรื่องธรรมดาในทุกสภาวะของสังคม

"Aber der Kommunismus schafft die ewigen Wahrheiten ab, er schafft alle Religion und alle Moral ab."

"แต่ลัทธิคอมมิวนิสต์ยกเลิกความจริงนิรันดร์

มันยกเลิกศาสนาทั้งหมดและศีลธรรมทั้งหมด"

"Sie tut dies, anstatt sie auf einer neuen Grundlage zu konstituieren"

"มันทำเช่นนี้แทนที่จะจัดตั้งขึ้นบนพื้นฐานใหม่"

"Sie handelt daher im Widerspruch zu allen bisherigen historischen Erfahrungen"

"ดังนั้นจึงกระทำหน้าที่ขัดแย้งกับประสบการณ์ทางประวัติศาสตร์ในอดีตทั้งหมด"

Worauf reduziert sich dieser Vorwurf?

ข้อกล่าวหานี้ลดทอนตัวเองลงเป็นอะไร?

Die Geschichte aller vergangenen Gesellschaften hat in der Entwicklung von Klassengegensätzen bestanden

ประวัติศาสตร์ของสังคมในอดีตทั้งหมดประกอบด้วยการพัฒนาความเป็นปฏิปักษ์ทางชนชั้น

Antagonismen, die in verschiedenen Epochen unterschiedliche Formen annahmen

ปฏิปักษ์ที่สมมติว่ารูปแบบที่แตกต่างกันในยุคต่างๆ

Aber welche Form sie auch immer angenommen haben mögen, eine Tatsache ist allen vergangenen Zeitaltern gemeinsam

แต่ไม่ว่าพวกเขาจะอยู่ในรูปแบบใดก็ตามข้อเท็จจริงหนึ่งเป็นเรื่องธรรมดาสำหรับทุกยุคที่ผ่านมา

die Ausbeutung eines Teils der Gesellschaft durch den anderen

การแสวงหาประโยชน์จากส่วนหนึ่งของสังคมโดยอีกส่วนหนึ่ง

Kein Wunder also, dass sich das gesellschaftliche Bewußtsein vergangener Zeiten innerhalb gewisser allgemeiner Formen oder allgemeiner Vorstellungen bewegt

จึงไม่น่าแปลกใจเลยที่จิตสำนึกทางสังคมของยุคที่ผ่านมาเคลื่อนไหวภายในรูปแบบทั่วไปหรือแนวคิดทั่วไป

(und das trotz aller Vielfalt und Vielfalt, die es zeigt)

(และนั่นแม้จะมีความหลากหลายและความหลากหลายที่แสดง)

Und diese können nur mit dem gänzlichen Verschwinden der Klassengegensätze völlig verschwinden

และสิ่งเหล่านี้ไม่สามารถหายไปได้อย่างสมบูรณ์เว้นแต่การหายไปโดยสิ้นเชิงของความเป็นปฏิปักษ์ทางชนชั้น

Die kommunistische Revolution ist der radikalste Bruch mit den traditionellen Eigentumsverhältnissen

การปฏิวัติคอมมิวนิสต์เป็นการแตกร้าวที่รุนแรงที่สุดกับความสัมพันธ์ด้านทรัพย์สินแบบดั้งเดิม

Kein Wunder, dass ihre Entwicklung den radikalsten Bruch mit den traditionellen Vorstellungen mit sich bringt

ไม่น่าแปลกใจเลยที่การพัฒนาเกี่ยวข้องกับการแตกแยกที่รุนแรงที่สุดกับแนวคิดดั้งเดิม

Aber lassen wir die Einwände der Bourgeoisie gegen den Kommunismus hinter uns

แต่ให้เราทำกับการคัดค้านของชนชั้นนายทุนต่อลัทธิคอมมิวนิสต์

Wir haben oben den ersten Schritt der Arbeiterklasse in der Revolution gesehen

เราได้เห็นก้าวแรกในการปฏิวัติโดยชนชั้นแรงงานข้างต้น

Das Proletariat muss zur Herrschaft erhoben werden, um den Kampf der Demokratie zu gewinnen

ชนชั้นกรรมาชีพต้องได้รับการยกระดับให้อยู่ในตำแหน่งปกครองเพื่อชนะการต่อสู้ของประชาธิปไตย

Das Proletariat wird seine politische Vorherrschaft benutzen, um der Bourgeoisie nach und nach alles Kapital zu entreißen

ชนชั้นกรรมาชีพจะใช้อำนาจสูงสุดทางการเมืองเพื่อแย่งชิงทุนทั้งหมดจากชนชั้นนายทุนทีละระดับ

sie wird alle Produktionsmittel in den Händen des Staates zentralisieren

จะรวมศูนย์เครื่องมือการผลิตทั้งหมดไว้ในมือของรัฐ

Mit anderen Worten, das Proletariat organisierte sich als herrschende Klasse

กล่าวอีกนัยหนึ่งคือชนชั้นกรรมาชีพจัดตั้งขึ้นเป็นชนชั้นปกครอง

Und sie wird die Summe der Produktivkräfte so schnell wie möglich vermehren

และจะเพิ่มกำลังการผลิตทั้งหมดให้เร็วที่สุด

Natürlich kann dies anfangs nur durch despotische Eingriffe in die Eigentumsrechte geschehen

แน่นอนว่าในตอนแรกสิ่งนี้ไม่สามารถเกิดขึ้นได้เว้นแต่โดยการบุกรุกอย่างเผด็จการต่อสิทธิในทรัพย์สิน

und sie muss unter den Bedingungen der Bourgeoisie Produktion erreicht werden

และต้องบรรลุตามเงื่อนไขของการผลิตชนชั้นนายทุน

Sie wird also durch Maßnahmen erreicht, die wirtschaftlich unzureichend und unhaltbar erscheinen

มันทำได้โดยใช้มาตรการซึ่งดูเหมือนไม่เพียงพอทางเศรษฐกิจและไม่สามารถรักษาได้

aber diese Mittel überflügeln sich im Laufe der Bewegung selbst

แต่วิธีการเหล่านี้ในระหว่างการเคลื่อนไหวนั้นแซงหน้าตัวเอง

sie erfordern weitere Eingriffe in die alte Gesellschaftsordnung

พวกเขาจำเป็นต้องมีการรุกรานต่อระเบียบสังคมแบบเก่า

und sie sind unvermeidlich, um die Produktionsweise völlig zu revolutionieren

และหลีกเลี่ยงไม่ได้ในฐานะวิธีการปฏิวัติรูปแบบการผลิตทั้งหมด

Diese Maßnahmen werden natürlich in den verschiedenen Ländern unterschiedlich sein

แน่นอนว่ามาตรการเหล่านี้จะแตกต่างกันในแต่ละประเทศ

Nichtsdestotrotz wird in den am weitesten fortgeschrittenen Ländern das Folgende ziemlich allgemein anwendbar sein

อย่างไรก็ตามในประเทศที่ก้าวหน้าที่สุดสิ่งต่อไปนี้จะค่อนข้างใช้ได้โดยทั่วไป

1. Abschaffung des Grundeigentums und Verwendung aller Grundrenten für öffentliche Zwecke.

1.การยกเลิกทรัพย์สินในที่ดินและการใช้ค่าเช่าที่ดินทั้งหมดเพื่อวัตถุประสงค์สาธารณะ

2. Eine hohe progressive oder abgestufte Einkommensteuer.

2. ภาษีเงินได้แบบก้าวหน้าหรือสำเร็จการศึกษาจำนวนมาก

3. Abschaffung jeglichen Erbrechts.

3. การยกเลิกสิทธิมรดกทั้งหมด

4. Konfiskation des Eigentums aller Emigranten und Rebellen.

4. การยึดทรัพย์สินของผู้อพยพและกบฏทั้งหมด

5. Zentralisierung des Kredits in den Händen des Staates durch eine Nationalbank mit staatlichem Kapital und ausschließlichem Monopol.

5.การรวมศูนย์สินเชื่อในมือของรัฐโดยใช้ธนาคารแห่งชาติที่มีทุนของรัฐและการผูกขาดแต่เพียงผู้เดียว

6. Zentralisierung der Kommunikations- und Transportmittel in den Händen des Staates.

6. การรวมศูนย์ของวิธีการสื่อสารและการขนส่งอยู่ในมือของรัฐ

7. Ausbau der Fabriken und Produktionsmittel im Eigentum des Staates

7. การขยายโรงงานและเครื่องมือการผลิตของรัฐ

die Kultivierung von Ödland und die Verbesserung des Bodens überhaupt nach einem gemeinsamen Plan.

การนำพื้นที่รกร้างว่างเปล่ามาเพาะปลูก

และการปรับปรุงดินโดยทั่วไปตามแผนร่วมกัน

8. Gleiche Haftung aller für die Arbeit

8. ความรับผิดเท่าเทียมกันของทุกคนต่อแรงงาน

Aufbau von Industriearmeen, vor allem für die Landwirtschaft.

การจัดตั้งกองทัพอุตสาหกรรมโดยเฉพาะเพื่อการเกษตร

9. Kombination der Landwirtschaft mit dem verarbeitenden Gewerbe

9. การผสมผสานระหว่างการเกษตรกับอุตสาหกรรมการผลิต

allmähliche Aufhebung der Unterscheidung zwischen Stadt und Land durch eine gleichmäßigere Verteilung der Bevölkerung über das Land.

การยกเลิกความแตกต่างระหว่างเมืองและชนบทอย่างค่อยเป็นค่อย ไป โดยการกระจายประชากรทั่วประเทศที่เท่าเทียมกันมากขึ้น

10. Kostenlose Bildung für alle Kinder in öffentlichen Schulen.

10. การศึกษาฟรีสำหรับเด็กทุกคนในโรงเรียนของรัฐ

Abschaffung der Kinderfabrikarbeit in ihrer jetzigen Form

การเลิกใช้แรงงานในโรงงานของเด็กในรูปแบบปัจจุบัน

Kombination von Bildung und industrieller Produktion

การผสมผสานระหว่างการศึกษากับการผลิตทางอุตสาหกรรม

Wenn im Laufe der Entwicklung die Klassenunterschiede verschwunden sind

เมื่อในระหว่างการพัฒนาความแตกต่างทางชนชั้นหายไป

und wenn die ganze Produktion in den Händen einer ungeheuren Assoziation der ganzen Nation konzentriert ist

และเมื่อการผลิตทั้งหมดกระจุกตัวอยู่ในมือของสมาคมขนาดใหญ่ ของทั้งประเทศ

dann verliert die Staatsgewalt ihren politischen Charakter

แล้วอำนาจสาธารณะจะสูญเสียลักษณะทางการเมือง

Politische Macht, eigentlich so genannt, ist nichts anderes als die organisierte Macht einer Klasse, um eine andere zu unterdrücken

อำนาจทางการเมืองที่เรียกว่าอย่างถูกต้องเป็นเพียงอำนาจที่จัดระเบียบของชนชั้นหนึ่งเพื่อกดขี่อีกชนชั้นหนึ่ง

Wenn das Proletariat in seinem Kampf mit der Bourgeoisie durch die Gewalt der Umstände gezwungen ist, sich als Klasse zu organisieren

หากชนชั้นกรรมาชีพในระหว่างการแข่งขันกับชนชั้นนายทุนถูกบังคับให้จัดระเบียบตัวเองเป็นชนชั้นโดยพลังของสถานการณ์

wenn sie sich durch eine Revolution zur herrschenden Klasse macht

หากโดยการปฏิวัติทำให้ตัวเองเป็นชนชั้นปกครอง

und als solche fegt sie mit Gewalt die alten Produktionsbedingungen hinweg

และด้วยเหตุนี้จึงกวาดล้างเงื่อนไขการผลิตแบบเก่าออกไปด้วยกำลัง

dann wird sie mit diesen Bedingungen auch die Bedingungen für die Existenz der Klassengegensätze und der Klassen überhaupt hinweggefegt haben

จากนั้นมันจะพร้อมกับเงื่อนไขเหล่านี้ได้กวาดล้างเงื่อนไขสำหรับการดำรงอยู่ของความเป็นปฏิปักษ์ทางชนชั้นและของชนชั้นโดยทั่วไป

und wird damit seine eigene Vorherrschaft als Klasse aufgehoben haben.

และด้วยเหตุนี้จึงจะยกเลิกอำนาจสูงสุดของตนเองในฐานะชนชั้น

An die Stelle der alten Bourgeoisie Gesellschaft mit ihren Klassen und Klassengegensätzen treten eine Assoziation

แทนที่สังคมชนชั้นนายทุนแบบเก่าที่มีชนชั้นและความเป็นปฏิปักษ์ทางชนชั้นเราจะมีสมาคม

eine Assoziation, in der die freie Entwicklung eines jeden die Bedingung für die freie Entwicklung aller ist

สมาคมที่การพัฒนาอย่างเสรีของแต่ละคนเป็นเงื่อนไขสำหรับการพัฒนาอย่างเสรีของทุกคน

1) Reaktionärer Sozialismus
1) สังคมนิยมปฏิกิริยา

a) Feudaler Sozialismus
สังคมนิยมศักดินา

die Aristokratien Frankreichs und Englands hatten eine einzigartige historische Stellung
ขุนนางของฝรั่งเศสและอังกฤษมีตำแหน่งทางประวัติศาสตร์ที่ไม่เหมือนใคร

es wurde zu ihrer Berufung, Pamphlete gegen die moderne Boureoisie Gesellschaft zu schreiben
มันกลายเป็นอาชีพของพวกเขาในการเขียนแผ่นพับต่อต้านสังคมชนชั้นนายทุนสมัยใหม่

In der französischen Revolution vom Juli 1830 und in der englischen Reformagitation
ในการปฏิวัติฝรั่งเศสในเดือนกรกฎาคม พ.ศ. 2373
และการปลุกปั่นการปฏิรูปอังกฤษ

Diese Aristokratien erlagen wieder dem hasserfüllten Emporkömmling
ขุนนางเหล่านี้ยอมจำนนต่อผู้เริ่มต้นที่น่าเกลียดชังอีกครั้ง

An eine ernsthafte politische Auseinandersetzung war fortan nicht mehr zu denken

จากนั้นการแข่งขันทางการเมืองที่จริงจังก็เป็นไปไม่ได้เลย

Alles, was möglich blieb, war eine literarische Schlacht, keine wirkliche Schlacht

สิ่งที่เป็นไปได้คือการต่อสู้ทางวรรณกรรม ไม่ใช่การต่อสู้จริง

Aber auch auf dem Gebiet der Literatur waren die alten Schreie der Restaurationszeit unmöglich geworden

แต่แม้ในขอบเขตของวรรณกรรมเสียงร้องเก่าของยุคฟื้นฟูก็เป็นไปไม่ได้

Um Sympathie zu erregen, mußte die Aristokratie offenbar ihre eigenen Interessen aus den Augen verlieren

เพื่อกระตุ้นความเห็นอกเห็นใจชนชั้นสูงจำเป็นต้องมองไม่เห็นผลประโยชน์ของตนเอง

und sie waren gezwungen, ihre Anklage gegen die Bourgeoisie im Interesse der ausgebeuteten Arbeiterklasse zu formulieren

และพวกเขาจำเป็นต้องกำหนดคำฟ้องต่อชนชั้นนายทุนเพื่อผลประโยชน์ของชนชั้นแรงงานที่ถูกเอารัดเอาเปรียบ

So rächte sich die Aristokratie, indem sie ihren neuen Herrn verspottete

ดังนั้นขุนนางจึงแก้แค้นด้วยการร้องเพลงโหยหยามเจ้านายคนใหม่ของพวกเขา

Und sie rächten sich, indem sie ihm unheimliche Prophezeiungen über die kommende Katastrophe ins Ohr flüsterten

และพวกเขาแก้แค้นด้วยการกระซิบในหูของเขาถึงคำทำนายที่น่ากลัวเกี่ยวกับหายนะที่กำลังจะมาถึง

So entstand der feudale Sozialismus: halb Klage, halb Spott

ด้วยวิธีนี้สังคมนิยมศักดินาจึงเกิดขึ้น: ครึ่งคร่ำครวญครึ่งหนึ่ง

Es klang halb wie ein Echo der Vergangenheit und projizierte halb die Bedrohung der Zukunft

มันดังก้องเป็นเสียงสะท้อนครึ่งหนึ่งของอดีต

และฉายภาพครึ่งหนึ่งของภัยคุกคามในอนาคต

zuweilen traf sie durch ihre bittere, geistreiche und scharfe Kritik die Bourgeoisie bis ins Mark

บางครั้งด้วยการวิพากษ์วิจารณ์ที่ขมขื่นไหวพริบและเฉียบแหลมมันกระทบชนชั้นนายทุนถึงแก่นแท้ของหัวใจ

aber es war immer lächerlich in seiner Wirkung, weil es völlig unfähig war, den Gang der neueren Geschichte zu begreifen

แต่มันก็ไร้สาระเสมอในผลของมัน

ผ่านการไร้ความสามารถโดยสิ้นเชิงในการเข้าใจการเดินขบวนของประวัติศาสตร์สมัยใหม่

Die Aristokratie schwenkte, um das Volk um sich zu scharen, den proletarischen Almosensack als Banner

ขุนนางเพื่อรวบรวมประชาชนให้พวกเขาโบกถุงบิณฑบาตของชนชั้นกรรมาชีพไว้ด้านหน้าเพื่อขอธง

Aber das Volk, so oft es sich zu ihnen gesellte, sah auf seinem Hinterteil die alten Feudalwappen

แต่ผู้คนมักจะเห็นเสื้อคลุมแขนศักดินาเก่าที่ส่วนหลังของพวกเขา

Und sie verließen mit lautem und respektlosem Gelächter

และพวกเขาก็ละทิ้งไปด้วยเสียงหัวเราะที่ดังและไม่เคารพ

Ein Teil der französischen Legitimisten und des "jungen Englands" zeigte dieses Schauspiel

ส่วนหนึ่งของนักความชอบธรรมของฝรั่งเศสและ "Young England" แสดงปรากฏการณ์นี้

die Feudalisten wiesen darauf hin, dass ihre Ausbeutungsweise eine andere sei als die der Bourgeoisie

ศักดินาชี้ให้เห็นว่ารูปแบบการเอารัดเอาเปรียบของพวกเขาแตกต่างจากชนชั้นนายทุน

Die Feudalisten vergessen, dass sie unter ganz anderen Umständen und Bedingungen ausgebeutet haben

ศักดินาลืมไปว่าพวกเขาเอารัดเอาเปรียบภายใต้สถานการณ์และเงื่อนไขที่ค่อนข้างแตกต่างกัน

Und sie haben nicht bemerkt, dass solche Methoden der Ausbeutung heute veraltet sind

และพวกเขาไม่ได้สังเกตเห็นว่าวิธีการแสวงหาผลประโยชน์ดังกล่าวล้าสมัยแล้ว

Sie zeigten, dass unter ihrer Herrschaft das moderne Proletariat nie existiert hat

พวกเขาแสดงให้เห็นว่าภายใต้การปกครองของพวกเขาชนชั้นกรรมาชีพสมัยใหม่ไม่เคยมีอยู่จริง

aber sie vergessen, daß die moderne Bourgeoisie der notwendige Sprößling ihrer eigenen Gesellschaftsform ist

แต่พวกเขาลืมไปว่าชนชั้นนายทุนสมัยใหม่เป็นลูกหลานที่จำเป็นของรูปแบบสังคมของพวกเขาเอง

Im übrigen verbergen sie kaum den reaktionären Charakter ihrer Kritik

ส่วนที่เหลือพวกเขาแทบจะไม่ปกปิดลักษณะปฏิกิริยาของการวิพากษ์วิจารณ์ของพวกเขา

ihre Hauptanklage gegen die Bourgeoisie läuft auf folgendes hinaus

ข้อกล่าวหาหลักของพวกเขาต่อชนชั้นนายทุนมีดังต่อไปนี้

unter dem Boureoisie Regime entwickelt sich eine soziale Klasse

ภายใต้ระบอบการปกครองของชนชั้นนายทุนกำลังได้รับการพัฒน
าชนชั้นทางสังคม

Diese soziale Klasse ist dazu bestimmt, die alte
Gesellschaftsordnung an der Wurzel zu zerschneiden
ชนชั้นทางสังคมนี้ถูกกำหนดให้ตัดรากและแตกแขนงระเบียบเก่า
ของสังคม

Womit sie die Bourgeoisie aufpeppen, ist nicht so sehr, dass
sie ein Proletariat schafft
สิ่งที่พวกเขาทำให้ชนชั้นนายทุนไม่มากนักที่จะสร้างชนชั้นกรรมา
ชีพ

womit sie die Bourgeoisie aufpeppen, ist mehr, dass sie ein
revolutionäres Proletariat schafft
สิ่งที่พวกเขาด่าชนชั้นนายทุนด้วยยิ่งกว่านั้นมันสร้างชนชั้นกรรมา
ชีพปฏิวัติ

In der politischen Praxis beteiligen sie sich daher an allen
Zwangsmaßnahmen gegen die Arbeiterklasse
ดังนั้นในทางปฏิบัติทางการเมืองพวกเขาจึงเข้าร่วมในมาตรการบี
บบังคับทั้งหมดต่อชนชั้นแรงงาน

Und im gewöhnlichen Leben bücken sie sich, trotz ihrer
hochtrabenden Phrasen, um die goldenen Äpfel
aufzuheben, die vom Baum der Industrie fallen gelassen
wurden
และในชีวิตธรรมดา แม้จะมีวลีที่สูงส่ง
แต่พวกเขาก็ก้มลงเพื่อหยิบแอปเปิ้ลทองคำที่หล่นลงมาจากต้นไม้แ
ห่งอุตสาหกรรม

Und sie tauschen Wahrheit, Liebe und Ehre gegen den
Handel mit Wolle, Rote-Bete-Zucker und Kartoffelbränden

และพวกเขาแลกเปลี่ยนความจริง ความรัก

และเกียรติยศเพื่อการค้าขนสัตว์ น้ำตาลบีทรูท และมันฝรั่ง

Wie der Pfarrer immer Hand in Hand mit dem Gutsherrn gegangen ist, so ist es der klerikale Sozialismus mit dem feudalen Sozialismus getan

ในฐานะที่บาทหลวงเคยจับมือกับเจ้าของที่ดิน

สังคมนิยมนักบวชกับสังคมนิยมศักดินาก็เช่นกัน

Nichts ist leichter, als der christlichen Askese einen sozialistischen Anstrich zu geben

ไม่มีอะไรง่ายไปกว่าการให้การบำเพ็ญตบตระหนกของคริสเตียนเ

ป็นสังคมนิยม

Hat nicht das Christentum gegen das Privateigentum, gegen die Ehe, gegen den Staat deklamiert?

ศาสนาคริสต์ไม่ได้อ้างว่าต่อต้านทรัพย์สินส่วนตัวต่อต้านการแต่ง

งานต่อต้านรัฐหรือ?

Hat das Christentum nicht an die Stelle dieser Nächstenliebe und Armut getreten?

ศาสนาคริสต์ไม่ได้เทศนาแทนสิ่งเหล่านี้

จิตกุศลและความยากจนหรือ?

Predigt das Christentum nicht den Zölibat und die Abtötung des Fleisches, das monastische Leben und die Mutter Kirche?

ศาสนาคริสต์ไม่ได้เทศนาการเป็นโสดและการตายของเนื้อหนังชีวิ

ตสงฆ์และคริสตจักรแม่หรือ?

Der christliche Sozialismus ist nur das Weihwasser, mit dem der Priester das Herzbrennen des Aristokraten weiht

สังคมนิยมคริสเตียนเป็นเพียงน้ำศักดิ์สิทธิ์ที่นักบวชใช้ถวายการเผ

าไหม้หัวใจของขุนนาง

b) Kleinbürgerlicher Sozialismus
สังคมนิยมชนชั้นนายทุนน้อย

Die feudale Aristokratie war nicht die einzige Klasse, die von der Bourgeoisie ruiniert wurde
ขุนนางศักดินาไม่ใช่ชนชั้นเดียวที่ถูกทำลายโดยชนชั้นนายทุน

sie war nicht die einzige Klasse, deren Existenzbedingungen in der Atmosphäre der modernen Bourgeoisie Gesellschaft schmachten und zugrunde gingen
ไม่ใช่ชนชั้นเดียวที่มีเงื่อนไขการดำรงอยู่และพินาศในบรรยากาศของสังคมชนชั้นนายทุนสมัยใหม่

Die mittelalterliche Bürgerschaft und die kleinbäuerlichen Eigentümer waren die Vorläufer des modernen Bourgeoisie
เบอร์เจสในยุคกลางและเจ้าของชาวนารายย่อยเป็นบรรพบุรุษของชนชั้นนายทุนสมัยใหม่

In den Ländern, die industriell und kommerziell nur wenig entwickelt sind, vegetieren diese beiden Klassen noch Seite an Seite
ในประเทศเหล่านั้นที่มีการพัฒนาเพียงเล็กน้อยทั้งในอุตสาหกรรมและเชิงพาณิชย์ทั้งสองชนชั้นนี้ยังคงปลูกพืชเคียงข้างกัน

und in der Zwischenzeit erhebt sich die Bourgeoisie neben ihnen: industriell, kommerziell und politisch
และในขณะเดียวกันชนชั้นนายทุนก็ลุกขึ้นข้างๆ พวกเขา:
ในอุตสาหกรรม การค้า และการเมือง

In den Ländern, in denen die moderne Zivilisation voll entwickelt ist, hat sich eine neue Klasse des Kleinbourgeoisie gebildet
ในประเทศที่อารยธรรมสมัยใหม่ได้รับการพัฒนาอย่างเต็มที่

diese neue soziale Klasse schwankt zwischen Proletariat und Bourgeoisie

ชนชั้นทางสังคมใหม่นี้ผันผวนระหว่างชนชั้นกรรมาชีพและชนชั้
นนายทุน

**und sie erneuert sich ständig als ergänzender Teil der
Bourgeoisie Gesellschaft**

และมันก็ต่ออายุตัวเองเป็นส่วนเสริมของสังคมชนชั้นกลาง

**Die einzelnen Glieder dieser Klasse aber werden
fortwährend in das Proletariat hinabgeschleudert**

อย่างไรก็ตาม

สมาชิกแต่ละคนของชนชั้นนี้ถูกโยนลงสู่ชนชั้นกรรมาชีพอย่างต่อ
เนื่อง

**sie werden vom Proletariat durch die Einwirkung der
Konkurrenz aufgesaugt**

พวกเขาถูกดูดโดยชนชั้นกรรมาชีพผ่านการกระทำของการแข่งขัน

**In dem Maße, wie sich die moderne Industrie entwickelt,
sehen sie sogar den Augenblick herannahen, in dem sie als
eigenständiger Teil der modernen Gesellschaft völlig
verschwinden wird**

เมื่ออุตสาหกรรมสมัยใหม่พัฒนาขึ้นพวกเขายังเห็นช่วงเวลาที่ใกล้เ
ข้ามาเมื่อพวกเขาจะหายไปอย่างสมบูรณ์ในฐานะส่วนที่เป็นอิสระ
ของสังคมสมัยใหม่

**Sie werden in der Manufaktur, in der Landwirtschaft und
im Handel durch Aufseher, Gerichtsvollzieher und Krämer
ersetzt werden**

พวกเขาจะถูกแทนที่ในการผลิต การเกษตร และการพาณิชย์
โดยผู้มองการณ์ ปลัดอำเภอ และพ่อค้า

**In Ländern wie Frankreich, wo die Bauern weit mehr als die
Hälfte der Bevölkerung ausmachen**

ในประเทศเช่นฝรั่งเศส

ซึ่งชาวนามีสัดส่วนมากกว่าครึ่งหนึ่งของประชากร

es war natürlich, dass es Schriftsteller gab, die sich auf die Seite des Proletariats gegen die Bourgeoisie stellten

เป็นเรื่องธรรมดาที่มีนักเขียนที่เข้าข้างชนชั้นกรรมาชีพต่อต้านชน ชั้นนายทุน

in ihrer Kritik am Bourgeoisie Regime benutzten sie den Maßstab des Bauern- und Kleinbourgeoisie

ในการวิพากษ์วิจารณ์ระบอบชนชั้นนายทุนพวกเขาใช้มาตรฐานข องชาวนาและชนชั้นนายทุนขนาดเล็ก

Und vom Standpunkt dieser Zwischenklassen aus ergreifen sie die Keule für die Arbeiterklasse

และจากมุมมองของชนชั้นกลางเหล่านี้พวกเขาใช้ไม้เท้าสำหรับช นชั้นแรงงาน

So entstand der Kleinbourgeoisie Sozialismus, dessen Haupt Sismondi nicht nur in Frankreich, sondern auch in England war

ด้วยเหตุนี้สังคมนิยมชนชั้นนายทุนเล็กจึงเกิดขึ้น ซึ่ง Sismondi เป็นหัวหน้าโรงเรียนนี้ ไม่เพียงแต่ในฝรั่งเศสเท่านั้น

แต่ยังรวมถึงในอังกฤษด้วย

Diese Schule des Sozialismus sezierte mit großer Schärfe die Widersprüche in den Bedingungen der modernen Produktion

โรงเรียนสังคมนิยมนี้ชำแหละความขัดแย้งในเงื่อนไขของการผลิต สมัยใหม่อย่างเฉียบพลัน

Diese Schule entlarvte die heuchlerischen Entschuldigungen der Ökonomen

โรงเรียนนี้เปิดเผยคำขอโทษหน้าซื่อใจคดของนักเศรษฐศาสตร์

Diese Schule bewies unwiderlegbar die verheerenden Auswirkungen der Maschinerie und der Arbeitsteilung

โรงเรียนนี้พิสูจน์อย่างไม่อาจโต้แย้งได้ว่าผลกระทบร้ายแรงของเครื่องจักรและการแบ่งงาน

Es bewies die Konzentration von Kapital und Grund und Boden in wenigen Händen

มันพิสูจน์ให้เห็นถึงการกระจุกตัวของทุนและที่ดินในมือไม่กี่คน

sie bewies, wie Überproduktion zu Bourgeoisie-Krisen führt

มันพิสูจน์ให้เห็นว่าการผลิตมากเกินไปนำไปสู่วิกฤตชนชั้นกลางอย่างไร

sie wies auf den unvermeidlichen Ruin des Kleinbourgeoisie' und der Bauern hin

มันชี้ให้เห็นถึงความพินาศที่หลีกเลี่ยงไม่ได้ของชนชั้นนายทุนและชาวนา

das Elend des Proletariats, die Anarchie in der Produktion, die schreiende Ungleichheit in der Verteilung des Reichtums

ความทุกข์ยากของชนชั้นกรรมาชีพ ความอนาธิปไตยในการผลิต ความไม่เท่าเทียมกันที่ร้องไห้ในการกระจายความมั่งคั่ง

Er zeigte, wie das Produktionssystem den industriellen Vernichtungskrieg zwischen den Nationen führt

มันแสดงให้เห็นว่าระบบการผลิตเป็นผู้นำสงครามอุตสาหกรรมแห่งการกำจัดระหว่างประเทศอย่างไร

die Auflösung der alten sittlichen Bande, der alten Familienverhältnisse, der alten Nationalitäten

การสลายพันธะทางศีลธรรมเก่า ความสัมพันธ์ในครอบครัวเก่า สัญชาติเก่า

In ihren positiven Zielen strebt diese Form des Sozialismus jedoch eines von zwei Dingen an

อย่างไรก็ตาม ในเป้าหมายเชิงบวก

สังคมนิยมรูปแบบนี้ปรารถนาที่จะบรรลุหนึ่งในสองสิ่ง

Entweder zielt sie darauf ab, die alten Produktions- und Tauschmittel wiederherzustellen

มีจุดมุ่งหมายเพื่อฟื้นฟูวิธีการผลิตและการแลกเปลี่ยนแบบเก่า

und mit den alten Produktionsmitteln würde sie die alten Eigentumsverhältnisse und die alte Gesellschaft wiederherstellen

และด้วยวิธีการผลิตแบบเก่า

มันจะฟื้นฟูความสัมพันธ์ด้านทรัพย์สินแบบเก่าและสังคมเก่า

oder sie zielt darauf ab, die modernen Produktions- und Austauschmittel in den alten Rahmen der Eigentumsverhältnisse zu zwängen

หรือมีจุดมุ่งหมายเพื่อทำให้วิธีการผลิตและการแลกเปลี่ยนที่ทันส

มัยเป็นกรอบเก่าของความสัมพันธ์ด้านทรัพย์สิน

In beiden Fällen ist es sowohl reaktionär als auch utopisch

ไม่ว่าในกรณีใด มันเป็นทั้งปฏิกิริยาและยูโทเปีย

Seine letzten Worte lauten: Korporativzünfte für die Manufaktur, patriarchalische Verhältnisse in der Landwirtschaft

คำพูดสุดท้ายคือ:

กิลด์องค์กรเพื่อการผลิตความสัมพันธ์ปิตาธิปไตยในการเกษตร

Schließlich, als hartnäckige historische Tatsachen alle berauschenden Wirkungen der Selbsttäuschung zerstreut hatten,

ในที่สุดเมื่อข้อเท็จจริงทางประวัติศาสตร์ที่ดื้อรั้นได้กระจายผลกร

ะทบที่ทำให้มึนเมาของการหลอกลวงตนเอง

diese Form des Sozialismus endete in einem elenden Anfall von Mitleid

รูปแบบของสังคมนิยมนี้จบลงด้วยความสงสารที่น่าสังเวช

c) Deutscher oder "wahrer" Sozialismus
สังคมนิยมเยอรมันหรือ "จริง"

Die sozialistische und kommunistische Literatur Frankreichs entstand unter dem Druck einer herrschenden Bourgeoisie
วรรณกรรมสังคมนิยมและคอมมิวนิสต์ของฝรั่งเศสมีต้นกำเนิดภายใต้แรงกดดันของชนชั้นนายทุนที่มีอำนาจ

Und diese Literatur war der Ausdruck des Kampfes gegen diese Macht
และวรรณกรรมนี้เป็นการแสดงออกของการต่อสู้กับอำนาจนี้

sie wurde in Deutschland zu einer Zeit eingeführt, als die Bourgeoisie gerade ihren Kampf mit dem feudalen Absolutismus begonnen hatte
มันถูกนำมาใช้ในเยอรมนีในช่วงเวลาที่ชนชั้นนายทุนเพิ่งเริ่มการแข่งขันกับระบอบสมบูรณาญาสิทธิราชย์ศักดินา

Deutsche Philosophen, Möchtegern-Philosophen und Beaux Esprits griffen begierig zu dieser Literatur
นักปรัชญาชาวเยอรมัน นักปรัชญา และนักปรัชญา

และนักปรัชญาคนรัก คว้าวรรณกรรมนี้อย่างกระตือรือร้น

aber sie vergaßen, daß die Schriften aus Frankreich nach Deutschland einwanderten, ohne die französischen Gesellschaftsverhältnisse mitzubringen
แต่พวกเขาลืมไปว่างานเขียนอพยพจากฝรั่งเศสไปยังเยอรมนีโดยไม่นำสภาพสังคมของฝรั่งเศสมาด้วย

Im Kontakt mit den deutschen gesellschaftlichen Verhältnissen verlor diese französische Literatur ihre unmittelbare praktische Bedeutung

เมื่อสัมผัสกับสภาพสังคมของเยอรมันวรรณกรรมฝรั่งเศสนี้สูญเสียความสำคัญในทางปฏิบัติในทันที

und die kommunistische Literatur Frankreichs nahm in deutschen akademischen Kreisen einen rein literarischen Aspekt an

และวรรณกรรมคอมมิวนิสต์ของฝรั่งเศสถือว่าเป็นแง่มุมวรรณกรรมล้วนๆ ในแวดวงวิชาการเยอรมัน

So waren die Forderungen der ersten Französischen Revolution nichts anderes als die Forderungen der "praktischen Vernunft"

ดังนั้นข้อเรียกร้องของการปฏิวัติฝรั่งเศสครั้งแรกจึงไม่มีอะไรมากไปกว่าข้อเรียกร้องของ "เหตุผลเชิงปฏิบัติ"

und die Willensäußerung der revolutionären französischen Bourgeoisie bedeutete in ihren Augen das Gesetz des reinen Willens

และการพูดเจตจำนงของชนชั้นนายทุนฝรั่งเศสที่ปฏิวัติแสดงถึงกฏแห่งเจตจำนงที่บริสุทธิ์ในสายตาของพวกเขา

es bedeutete den Willen, wie er sein mußte; des wahren menschlichen Willens überhaupt

มันหมายถึงเจตจำนงตามที่มันถูกผูกมัดไว้

ของเจตจำนงที่แท้จริงของมนุษย์โดยทั่วไป

Die Welt der deutschen Literaten bestand einzig und allein darin, die neuen französischen Ideen mit ihrem alten philosophischen Gewissen in Einklang zu bringen

โลกของนักวรรณกรรมเยอรมันประกอบด้วยการนำแนวคิดใหม่ของฝรั่งเศสมากลมกลืนกับจิตสำนึกทางปรัชญาโบราณของพวกเขา

oder vielmehr, sie annektierten die französischen Ideen, ohne ihren eigenen philosophischen Standpunkt aufzugeben

หรือมากกว่านั้น

พวกเขาผนวกแนวคิดของฝรั่งเศสโดยไม่ละทิ้งมุมมองทางปรัชญา

ของตนเอง

Diese Annexion vollzog sich auf die gleiche Weise, wie man sich eine Fremdsprache aneignet, nämlich durch Übersetzung

การผนวกนี้เกิดขึ้นในลักษณะเดียวกับที่ภาษาต่างประเทศถูกจัดสร

ร นั่นคือ โดยการแปล

Es ist bekannt, wie die Mönche alberne Leben katholischer Heiliger über Manuskripte schrieben

เป็นที่ทราบกันดีว่าพระสงฆ์เขียนชีวิตโง่ๆ

ของนักบุญคาทอลิกบนต้นฉบับอย่างไร

die Manuskripte, auf denen die klassischen Werke des antiken Heidentums geschrieben waren

ต้นฉบับที่เขียนผลงานคลาสสิกของศาสนานอกศาสนาโบราณ

Die deutschen Literaten kehrten diesen Prozess mit der profanen französischen Literatur um

นักวรรณกรรมชาวเยอรมันพลิกกระบวนการนี้ด้วยวรรณกรรมฝรั่

งเศสที่หยาบคาย

Sie schrieben ihren philosophischen Unsinn unter das französische Original

พวกเขาเขียนเรื่องไร้สาระทางปรัชญาภายใต้ต้นฉบับภาษาฝรั่งเศส

Zum Beispiel schrieben sie unter der französischen Kritik an den ökonomischen Funktionen des Geldes "Entfremdung der Menschheit"

ตัวอย่างเช่น

ภายใต้การวิพากษ์วิจารณ์ของฝรั่งเศสเกี่ยวกับหน้าที่ทางเศรษฐกิจ
ของเงิน พวกเขาเขียน "ความแปลกแยกของมนุษยชาติ"

unter die französische Kritik am Bourgeoisie Staat schrieben
sie "Entthronung der Kategorie des Generals"

ภายใต้การวิพากษ์วิจารณ์ของฝรั่งเศสเกี่ยวกับรัฐชนชั้นนายทุนพว
กเขาเขียนว่า "การโค่นล้มบัลลังก์ของหมวดหมู่ของนายพล"

Die Einführung dieser philosophischen Phrasen hinter der
französischen Geschichtskritik nannten sie:

การแนะนำวลีทางปรัชญาเหล่านี้ที่ด้านหลังของการวิพากษ์วิจารณ์
ประวัติศาสตร์ฝรั่งเศสที่พวกเขาขนานนามว่า:

"Philosophie des Handelns", "Wahrer Sozialismus",
"Deutsche Sozialismuswissenschaft", "Philosophische
Grundlagen des Sozialismus" und so weiter

"ปรัชญาแห่งการกระทำ" "สังคมนิยมที่แท้จริง"

"วิทยาศาสตร์สังคมนิยมเยอรมัน"

"รากฐานทางปรัชญาของสังคมนิยม" เป็นต้น

Die französische sozialistische und kommunistische
Literatur wurde damit völlig entmannt

วรรณกรรมสังคมนิยมและคอมมิวนิสต์ฝรั่งเศสจึงถูกตัดขาดโดยสิ้
นเชิง

in den Händen der deutschen Philosophen hörte sie auf, den
Kampf der einen Klasse mit der anderen auszudrücken

ในมือของนักปรัชญาชาวเยอรมันมันหยุดแสดงการต่อสู้ของชนชั้
นหนึ่งกับอีกชนชั้นหนึ่ง

und so fühlten sich die deutschen Philosophen bewußt, die
"französische Einseitigkeit" überwunden zu haben

ดังนั้นนักปรัชญาชาวเยอรมันจึงรู้สึกตระหนักว่าได้เอาชนะ

"ความเป็นฝ่ายเดียวของฝรั่งเศส"

Sie musste keine wahren Forderungen repräsentieren, sondern sie repräsentierte Forderungen der Wahrheit

ไม่จำเป็นต้องเป็นตัวแทนของข้อกำหนดที่แท้จริง

แต่เป็นตัวแทนของข้อกำหนดของความจริง

es gab kein Interesse am Proletariat, sondern an der menschlichen Natur

ไม่มีความสนใจในชนชั้นกรรมาชีพ

แต่มีความสนใจในธรรมชาติของมนุษย์

das Interesse galt dem Menschen überhaupt, der keiner Klasse angehört und keine Wirklichkeit hat

ความสนใจอยู่ในมนุษย์โดยทั่วไป ซึ่งไม่อยู่ในชนชั้น

และไม่มีความเป็นจริง

ein Mann, der nur im nebligen Reich der philosophischen Fantasie existiert

ชายผู้ดำรงอยู่ในอาณาจักรหมอกของจินตนาการทางปรัชญาเท่านี้

น

aber schließlich verlor auch dieser deutsche Schulsozialismus seine pedantische Unschuld

แต่ในที่สุดเด็กนักเรียนคนนี้สังคมนิยมเยอรมันก็สูญเสียความไร้เดียงสาที่อวดอ้าง

die deutsche Bourgeoisie und besonders die preußische Bourgeoisie kämpfte gegen die feudale Aristokratie

ชนชั้นนายทุนเยอรมันและโดยเฉพาะอย่างยิ่งชนชั้นนายทุนปรัสเซียต่อสู้กับขุนนางศักดินา

auch die absolute Monarchie Deutschlands und Preußens wurde bekämpft

ระบอบสมบูรณาญาสิทธิราชย์ของเยอรมนีและปรัสเซียก็ถูกต่อต้า

นเช่นกัน

Und im Gegenzug wurde auch die Literatur der liberalen Bewegung ernster

วรรณกรรมของขบวนการเสรีนิยมก็จริงจังมากขึ้นเช่นกัน

Deutschlands lang ersehnte Chance auf einen "wahren" Sozialismus wurde geboten

โอกาสที่เยอรมนีปรารถนามานานสำหรับสังคมนิยม "ที่แท้จริง"

ถูกเสนอ

die Möglichkeit, die politische Bewegung mit den sozialistischen Forderungen zu konfrontieren

โอกาสในการเผชิญหน้ากับขบวนการทางการเมืองด้วยข้อเรียกร้อ

งของสังคมนิยม

die Gelegenheit, die traditionellen Bannsprüche gegen den Liberalismus zu schleudern

โอกาสในการโยนคำสาปแช่งแบบดั้งเดิมต่อต้านเสรีนิยม

die Möglichkeit, die repräsentative Regierung und die Bourgeoisie Konkurrenz anzugreifen

โอกาสในการโจมตีรัฐบาลตัวแทนและการแข่งขันของชนชั้นนาย

ทุน

Pressefreiheit der Bourgeoisie, Bourgeoisie Gesetzgebung, Bourgeoisie Freiheit und Gleichheit

เสรีภาพของสื่อชนชั้นนายทุน, กฎหมายของชนชั้นนายทุน,

เสรีภาพและความเท่าเทียมกันของชนชั้นนายทุน

All dies könnte nun in der realen Welt kritisiert werden, anstatt in der Fantasie

ทั้งหมดนี้สามารถวิพากษ์วิจารณ์ได้ในโลกแห่งความเป็นจริงมากก

ว่าในจินตนาการ

Feudalaristokratie und absolute Monarchie hatten den Massen lange gepredigt

ขุนนางศักดินาและระบอบสมบูรณาญาสิทธิราชย์ได้เทศนาต่อมวลชนมานานแล้ว

"Der Arbeiter hat nichts zu verlieren und er hat alles zu gewinnen"

"คนทำงานไม่มีอะไรจะเสีย และเขามีทุกอย่างที่จะได้"

auch die Bourgeoisie bewegung bot eine Chance, sich mit diesen Plattitüden auseinanderzusetzen

ขบวนการชนชั้นนายทุนยังเสนอโอกาสในการเผชิญหน้ากับคำพูดซ้ำซากเหล่านี้

die französische Kritik setzte die Existenz der modernen Bourgeoisie Gesellschaft voraus

การวิพากษ์วิจารณ์ของฝรั่งเศสสันนิษฐานถึงการดำรงอยู่ของสังคมชนชั้นนายทุนสมัยใหม่

Bourgeoisie, ökonomische Existenzbedingungen und Bourgeoisie politische Verfassung

สภาพเศรษฐกิจของการดำรงอยู่ของชนชั้นนายทุนและรัฐธรรมนูญทางการเมืองของชนชั้นนายทุน

gerade die Dinge, deren Errungenschaft Gegenstand des in Deutschland anstehenden Kampfes war

สิ่งที่บรรลุเป้าหมายของการต่อสู้ที่รอดำเนินการในเยอรมนี

Deutschlands albernes Echo des Sozialismus hat diese Ziele gerade noch rechtzeitig aufgegeben

เสียงสะท้อนที่โง่เขลาของสังคมนิยมของเยอรมนีละทิ้งเป้าหมายเหล่านี้ในเวลาอันรวดเร็ว

Die absoluten Regierungen hatten ihre Gefolgschaft aus Pfarrern, Professoren, Landjunkern und Beamten

รัฐบาลสมบูรณาญาสิทธิราชย์มีผู้ติดตาม Parsons ศาสตราจารย์ Squires และเจ้าหน้าที่ในชนบท

die damalige Regierung begegnete den deutschen Arbeiteraufständen mit Auspeitschungen und Kugeln

รัฐบาลในขณะนั้นพบกับการลุกฮือของชนชั้นแรงงานเยอรมันด้วยการเฆี่ยนตีและกระสุน

ihnen diente dieser Sozialismus als willkommene Vogelscheuche gegen die drohende Bourgeoisie

สำหรับพวกเขาสังคมนิยมนี้ทำหน้าที่เป็นหุ่นไล่กาต้อนรับชนชั้นนายทุนที่คุกคาม

und die deutsche Regierung konnte nach den bitteren Pillen, die sie austeilte, ein süßes Dessert anbieten

และรัฐบาลเยอรมันสามารถเสนอขนมหวานได้หลังจากยาขมที่แจกให้

dieser "wahre" Sozialismus diente also den Regierungen als Waffe im Kampf gegen die deutsche Bourgeoisie

สังคมนิยม "ที่แท้จริง" นี้จึงทำหน้าที่รัฐบาลเป็นอาวุธในการต่อสู้กับชนชั้นนายทุนเยอรมัน

und gleichzeitig repräsentierte sie direkt ein reaktionäres Interesse; die der deutschen Philister

และในขณะเดียวกันก็แสดงถึงผลประโยชน์เชิงปฏิกิริยาโดยตรงของชาวฟีลิสเตียเยอรมัน

In Deutschland ist das Kleinbourgeoisie die wirkliche gesellschaftliche Grundlage des bestehenden Zustandes

ในเยอรมนีชนชั้นนายทุนเล็กเป็นพื้นฐานทางสังคมที่แท้จริงของสภาวะที่มีอยู่

Ein Relikt des sechzehnten Jahrhunderts, das immer wieder in verschiedenen Formen auftaucht

วัตถุโบราณของศตวรรษที่สิบหกที่เกิดขึ้นอย่างต่อเนื่องภายใต้รูปแบบต่างๆ

Diese Klasse zu bewahren bedeutet, den bestehenden Zustand in Deutschland zu bewahren

การรักษาชนชั้นนี้คือการรักษาสถานะที่มีอยู่ของสิ่งต่าง ๆ ในเยอรมนี

Die industrielle und politische Vorherrschaft der Bourgeoisie bedroht das KleinBourgeoisie mit der sicheren Vernichtung

อำนาจสูงสุดทางอุตสาหกรรมและการเมืองของชนชั้นนายทุนคุกคามชนชั้นนายทุนเล็กด้วยการทำลายล้างบางอย่าง

auf der einen Seite droht sie das Kleinbourgeoisiedurch die Konzentration des Kapitals zu vernichten

ในแง่หนึ่งมันขู่ว่าจะทำลายชนชั้นนายทุนเล็ก ๆ ผ่านการกระจุกตัวของทุน

auf der anderen Seite droht die Bourgeoisie, sie durch den Aufstieg eines revolutionären Proletariats zu zerstören

ในทางกลับกันชนชั้นนายทุนขู่ว่าจะทำลายมันผ่านการเพิ่มขึ้นของชนชั้นกรรมาชีพปฏิวัติ

Der "wahre" Sozialismus schien diese beiden Fliegen mit einer Klappe zu schlagen. Es breitete sich wie eine Epidemie aus

สังคมนิยม "ที่แท้จริง"

ดูเหมือนจะฆ่านกสองตัวนี้ด้วยหินก้อนเดียว

มันแพร่กระจายเหมือนโรคระบาด

Das Gewand spekulativer Spinnweben, bestickt mit Blumen der Rhetorik, durchtränkt vom Tau kränklicher Gefühle

เสื้อคลุมใยแมงมุมที่คาดเดาปักด้วยดอกไม้แห่งวาทศิลป์ที่แช่อยู่ใน
น้ำค้างของความรู้สึกที่ป่วย

dieses transzendentale Gewand, in das die deutschen
Sozialisten ihre traurigen "ewigen Wahrheiten" hüllten
เสื้อคลุมเหนือธรรมชาติที่นักสังคมนิยมเยอรมันห่อหุ้ม

"ความจริงนิรันดร์" ที่น่าเสียใจของพวกเขา

alle Haut und Knochen, dienten dazu, den Absatz ihrer
Waren bei einem solchen Publikum wunderbar zu
vermehren.
ผิวหนังและกระดูกทั้งหมดทำหน้าที่เพิ่มยอดขายสินค้าของพวกเข

าในหมู่ประชาชนอย่างน่าอัศจรรย์

Und der deutsche Sozialismus seinerseits erkannte mehr
und mehr seine eigene Berufung
และในส่วนของสังคมนิยมเยอรมันก็ตระหนักถึงการเรียกร้องของ

ตัวเองมากขึ้นเรื่อยๆ

sie war berufen, die bombastische Vertreterin des
Kleinbourgeoisie Philisters zu sein
มันถูกเรียกให้เป็นตัวแทนที่โอ้อวดของชนชั้นนายทุนฟีลิสเตีย

Sie proklamierte die deutsche Nation als Musternation und
den deutschen Kleinphilister als Mustermann
ประกาศว่าประเทศเยอรมันเป็นประเทศต้นแบบ

และชาวฟีลิสเตียตัวน้อยชาวเยอรมันเป็นชายต้นแบบ

Jeder schurkischen Gemeinheit dieses Mustermenschen gab
sie eine verborgene, höhere, sozialistische Deutung
สำหรับทุกความชั่วร้ายของชายนางแบบคนนี้

มันให้การตีความสังคมนิยมที่ซ่อนอยู่และสูงขึ้น

diese höhere, sozialistische Deutung war das genaue
Gegenteil ihres wirklichen Charakters

การตีความสังคมนิยมที่สูงขึ้นนี้ตรงกันข้ามกับลักษณะที่แท้จริงของมัน

Sie ging so weit, sich der "brutal destruktiven" Tendenz des Kommunismus direkt entgegenzustellen

มันยาวสุดขีดในการต่อต้านแนวโน้ม "ทำลายล้างอย่างโหดเหี้ยม" ของลัทธิคอมมิวนิสต์โดยตรง

und sie proklamierte ihre höchste und unparteiische Verachtung aller Klassenkämpfe

และประกาศการดูหมิ่นสูงสุดและเป็นกลางต่อการต่อสู้ทางชนชั้นทั้งหมด

Mit sehr wenigen Ausnahmen gehören alle sogenannten sozialistischen und kommunistischen Publikationen, die jetzt (1847) in Deutschland zirkulieren, in den Bereich dieser üblen und entnervenden Literatur

สิ่งพิมพ์ที่เรียกว่าสังคมนิยมและคอมมิวนิสต์ทั้งหมดที่เผยแพร่ในเยอรมนีในปัจจุบัน (พ.ศ. 2390)

อยู่ในขอบเขตของวรรณกรรมที่เหม็นและกระปรี้กระเปร่านี้

2) Konservativer Sozialismus oder bürgerlicher Sozialismus

2) สังคมนิยมอนุรักษ์นิยมหรือสังคมนิยมชนชั้นกลาง

Ein Teil der Bourgeoisie will soziale Missstände beseitigen

ส่วนหนึ่งของชนชั้นนายทุนปรารถนาที่จะแก้ไขความคับข้องใจทางสังคม

um den Fortbestand der Bourgeoisie Gesellschaft zu sichern

เพื่อรักษาการดำรงอยู่อย่างต่อเนื่องของสังคมชนชั้นนายทุน

Zu dieser Sektion gehören Ökonomen, Philanthropen, Menschenfreunde

ในส่วนนี้เป็นของนักเศรษฐศาสตร์ผู้ใจบุญนักมนุษยธรรม

Verbesserer der Lage der Arbeiterklasse und Organisatoren der Wohltätigkeit

ผู้ปรับปรุงสภาพของชนชั้นแรงงานและผู้จัดงานการกุศล

Mitglieder von Gesellschaften zur Verhütung von Tierquälerei

สมาชิกของสมาคมเพื่อการป้องกันการทานาสัตว์

Mäßigkeitsfanatiker, Loch-und-Ecken-Reformer aller erdenklichen Art

ผู้คลั่งไคล้ความอดทน

นักปฏิรูปแบบหลุมและมุมทุกประเภทเท่าที่จะจินตนาการได้

Diese Form des Sozialismus ist überdies zu vollständigen Systemen ausgearbeitet worden

ยิ่งไปกว่านั้นรูปแบบของสังคมนิยมนี้ยังถูกนำมาใช้เป็นระบบที่สมบูรณ์

Als Beispiel für diese Form sei Proudhons "Philosophie de la Misère" angeführt

เราอาจอ้างถึง "Philosophie de la Misère" ของ Proudhon

เป็นตัวอย่างของรูปแบบนี้

Die sozialistische Bourgeoisie will alle Vorteile der modernen gesellschaftlichen Verhältnisse

ชนชั้นนายทุนสังคมนิยมต้องการข้อได้เปรียบทั้งหมดของสภาพสังคมสมัยใหม่

aber die sozialistische Bourgeoisie will nicht unbedingt die daraus resultierenden Kämpfe und Gefahren

แต่ชนชั้นนายทุนสังคมนิยมไม่จำเป็นต้องต้องการการต่อสู้และอันตรายที่เกิดขึ้น

Sie wollen den bestehenden Zustand der Gesellschaft, abzüglich ihrer revolutionären und zerfallenden Elemente

พวกเขาปรารถนาสภาวะที่มีอยู่ของสังคม

ลบองค์ประกอบการปฏิวัติและการสลายตัว

mit anderen Worten, sie wünschen sich eine Bourgeoisie ohne Proletariat

กล่าวอีกนัยหนึ่งพวกเขาปรารถนาให้ชนชั้นนายทุนปราศจากชนชั้นกรรมาชีพ

Die Bourgeoisie begreift natürlich die Welt, in der sie die höchste ist, die Beste zu sein

ชนชั้นนายทุนคิดโลกที่มันสูงสุดเป็นสิ่งที่ดีที่สุดโดยธรรมชาติ

und der Bourgeoisie Sozialismus entwickelt diese bequeme Auffassung zu verschiedenen mehr oder weniger vollständigen Systemen

และสังคมนิยมชนชั้นนายทุนพัฒนาแนวคิดที่สะดวกสบายนี้ให้เป็นระบบต่างๆ ที่สมบูรณ์ไม่มากก็น้อย

sie wünschen sich sehr, dass das Proletariat geradewegs in das soziale Neue Jerusalem marschiert

พวกเขาต้องการให้ชนชั้นกรรมาชีพเดินขบวนเข้าสู่เยรูซาเล็มใหม่ทางสังคม

Aber in Wirklichkeit verlangt sie, dass das Proletariat innerhalb der Grenzen der bestehenden Gesellschaft bleibt

แต่ในความเป็นจริงมันต้องการให้ชนชั้นกรรมาชีพอยู่ในขอบเขตของสังคมที่มีอยู่

sie fordern das Proletariat auf, alle seine hasserfüllten Ideen über die Bourgeoisie abzulegen

พวกเขาขอให้ชนชั้นกรรมาชีพทิ้งความคิดที่น่าเกลียดชังทั้งหมดเกี่ยวกับชนชั้นนายทุน

es gibt eine zweite, praktischere, aber weniger systematische Form dieses Sozialismus

มีรูปแบบที่สองที่ใช้งานได้จริงมากกว่า

แต่เป็นระบบน้อยกว่าของสังคมนิยมนี้

Diese Form des Sozialismus versuchte, jede revolutionäre Bewegung in den Augen der Arbeiterklasse abzuwerten

สังคมนิยมรูปแบบนี้พยายามที่จะลดคุณค่าของขบวนการปฏิวัติทั้งหมดในสายตาของชนชั้นแรงงาน

Sie argumentieren, dass keine bloße politische Reform für sie von Vorteil sein könnte

พวกเขาโต้แย้งว่าไม่มีการปฏิรูปการเมืองเพียงอย่างเดียวที่จะเป็นประโยชน์ต่อพวกเขา

nur eine Veränderung der materiellen Existenzbedingungen in den wirtschaftlichen Beziehungen ist von Nutzen

การเปลี่ยนแปลงเงื่อนไขทางวัตถุของการดำรงอยู่ในความสัมพันธ์ทางเศรษฐกิจเท่านั้นที่เป็นประโยชน์

Wie der Kommunismus tritt auch diese Form des Sozialismus für eine Veränderung der materiellen Existenzbedingungen ein

เช่นเดียวกับลัทธิคอมมิวนิสต์

สังคมนิยมรูปแบบนี้สนับสนุนการเปลี่ยนแปลงสภาพทางวัตถุของ

การดำรงอยู่

Diese Form des Sozialismus bedeutet jedoch keineswegs, dass die Bourgeoisie Produktionsverhältnisse abgeschafft werden

อย่างไรก็ตาม

รูปแบบของสังคมนิยมนี้ไม่ได้บ่งบอกถึงการยกเลิกความสัมพันธ์

การผลิตของชนชั้นนายทุน

die Abschaffung der Bourgeoisie Produktionsverhältnisse kann nur durch eine Revolution erreicht werden

การยกเลิกความสัมพันธ์การผลิตของชนชั้นนายทุนสามารถทำได้

ผ่านการปฏิวัติเท่านั้น

Doch statt einer Revolution schlägt diese Form des Sozialismus Verwaltungsreformen vor

แต่แทนที่จะเป็นการปฏิวัติสังคมนิยมรูปแบบนี้แนะนำการปฏิรูปก

ารบริหาร

und diese Verwaltungsreformen würden auf dem Fortbestand dieser Beziehungen beruhen

และการปฏิรูปการบริหารเหล่านี้จะขึ้นอยู่กับการดำรงอยู่อย่างต่อเ

นื่องของความสัมพันธ์เหล่านี้

Reformen, die in keiner Weise die Beziehungen zwischen Kapital und Arbeit berühren

การปฏิรูปจึงไม่ส่งผลกระทบต่อความสัมพันธ์ระหว่างทุนและแรง

งาน

im besten Fall verringern solche Reformen die Kosten und vereinfachen die Verwaltungsarbeit der Bourgeoisie Regierung

การปฏิรูปดังกล่าวช่วยลดต้นทุนและทำให้งานธุรการของรัฐบาลชนชั้นนายทุนง่ายขึ้น

Der Bourgeoisie Sozialismus kommt dann und nur dann adäquat zum Ausdruck, wenn er zur bloßen Redewendung wird

สังคมนิยมชนชั้นกลางบรรลุการแสดงออกที่เพียงพอเมื่อและเมื่อมันกลายเป็นเพียงอุปมาของคำพูด

Freihandel: zum Wohle der Arbeiterklasse

การค้าเสรี: เพื่อประโยชน์ของชนชั้นแรงงาน

Schutzpflichten: zum Wohle der Arbeiterklasse

หน้าที่ป้องกัน: เพื่อประโยชน์ของชนชั้นแรงงาน

Gefängnisreform: zum Wohle der Arbeiterklasse

การปฏิรูปเรือนจำ: เพื่อประโยชน์ของชนชั้นแรงงาน

Das ist das letzte Wort und das einzig ernst gemeinte Wort des Bourgeoisie Sozialismus

นี่คือคำสุดท้ายและเป็นคำเดียวที่มีความหมายอย่างจริงจังของสังคมนิยมชนชั้นนายทุน

Sie ist in dem Satz zusammengefasst: Die Bourgeoisie ist eine Bourgeoisie zum Wohle der Arbeiterklasse

สรุปได้ในวลี:

ชนชั้นนายทุนเป็นชนชั้นนายทุนเพื่อประโยชน์ของชนชั้นแรงงาน

3) Kritisch-utopischer Sozialismus und Kommunismus
3) สังคมนิยมและคอมมิวนิสต์เชิงวิพากษ์วิจารณ์ยูโทเปีย

Wir beziehen uns hier nicht auf jene Literatur, die den Forderungen des Proletariats immer eine Stimme gegeben hat

ในที่นี้เราไม่ได้อ้างถึงวรรณกรรมที่ให้เสียงต่อข้อเรียกร้องของชนชั้นกรรมาชีพมาโดยตลอด

dies war in jeder großen modernen Revolution vorhanden, wie z. B. in den Schriften von Babeuf und anderen

สิ่งนี้มีอยู่ในการปฏิวัติสมัยใหม่ที่ยิ่งใหญ่ทุกครั้ง เช่น งานเขียนของ Babeuf และคนอื่น ๆ

Die ersten unmittelbaren Versuche des Proletariats, seine eigenen Ziele zu erreichen, scheiterten notwendigerweise

ความพยายามโดยตรงครั้งแรกของชนชั้นกรรมาชีพในการบรรลุเป้าหมายของตนเองจำเป็นต้องล้มเหลว

Diese Versuche wurden in Zeiten allgemeiner Aufregung unternommen, als die feudale Gesellschaft gestürzt wurde

ความพยายามเหล่านี้เกิดขึ้นในช่วงเวลาแห่งความตื่นเต้นสากลเมื่อสังคมศักดินาถูกโค่นล้ม

Der damals noch unterentwickelte Zustand des Proletariats führte zum Scheitern dieser Versuche

รัฐชนชั้นกรรมาชีพที่ยังไม่พัฒนาในขณะนั้นนำไปสู่ความพยายามเหล่านั้นล้มเหลว

und sie scheiterten am Fehlen der wirtschaftlichen Voraussetzungen für ihre Emanzipation

และพวกเขาล้มเหลวเนื่องจากไม่มีเงื่อนไขทางเศรษฐกิจสำหรับการปลดปล่อย

Bedingungen, die erst noch geschaffen werden mussten und die durch die bevorstehende Epoche der Bourgeoisie allein hervorgebracht werden konnten

เงื่อนไขที่ยังไม่ได้เกิดขึ้น

และสามารถผลิตได้โดยยุคชนชั้นนายทุนที่กำลังจะมาถึงเพียงอย่างเดียว

Die revolutionäre Literatur, die diese ersten Bewegungen des Proletariats begleitete, hatte notwendigerweise einen reaktionären Charakter

วรรณกรรมปฏิวัติที่มาพร้อมกับขบวนการแรกของชนชั้นกรรมาชีพเหล่านี้จำเป็นต้องมีลักษณะปฏิกิริยา

Diese Literatur schärfte universelle Askese und soziale Nivellierung in ihrer gröbsten Form ein

วรรณกรรมนี้ปลูกฝังการบำเพ็ญตบะสากลและการปรับระดับทางสังคมในรูปแบบที่หยาบคายที่สุด

Die sozialistischen und kommunistischen Systeme, die man eigentlich so nennt, entstehen in der frühen unentwickelten Periode

ระบบสังคมนิยมและคอมมิวนิสต์ที่เรียกว่าอย่างถูกต้องเกิดขึ้นในช่วงต้นที่ยังไม่พัฒนา

Saint-Simon, Fourier, Owen und andere beschrieben den Kampf zwischen Proletariat und Bourgeoisie (siehe Abschnitt 1)

Saint-Simon, Fourier, Owen และคนอื่น ๆ

อธิบายการต่อสู้ระหว่างชนชั้นกรรมาชีพและชนชั้นนายทุน

(ดูหัวข้อ 1)

Die Begründer dieser Systeme sehen in der Tat die Klassengegensätze

ผู้ก่อตั้งระบบเหล่านี้เห็นความเป็นปฏิปักษ์ทางชนชั้นอย่างแท้จริง

Sie sehen auch das Wirken der sich zersetzenden Elemente in der herrschenden Gesellschaftsform

พวกเขายังเห็นการกระทำขององค์ประกอบที่สลายตัวในรูปแบบที่แพร่หลายของสังคม

Aber das Proletariat, das noch in den Kinderschuhen steckt, bietet ihnen das Schauspiel einer Klasse ohne jede historische Initiative

แต่ชนชั้นกรรมาชีพซึ่งยังอยู่ในช่วงเริ่มต้น ให้พวกเขาเห็นปรากฏการณ์ของชนชั้นที่ไม่มีความคิดริเริ่มทางประวัติศาสตร์ใด ๆ

Sie sehen das Schauspiel einer sozialen Klasse ohne unabhängige politische Bewegung

พวกเขาเห็นปรากฏการณ์ของชนชั้นทางสังคมที่ไม่มีการเคลื่อนไหวทางการเมืองที่เป็นอิสระ

Die Entwicklung des Klassengegensatzes hält mit der Entwicklung der Industrie Schritt

การพัฒนาความเป็นปฏิปักษ์ทางชนชั้นก้าวทันการพัฒนาอุตสาหกรรม

Die ökonomische Lage bietet ihnen also noch nicht die materiellen Bedingungen für die Befreiung des Proletariats

ดังนั้นสถานการณ์ทางเศรษฐกิจจึงยังไม่ได้เสนอเงื่อนไขทางวัตถุสำหรับการปลดปล่อยชนชั้นกรรมาชีพ

Sie suchen also nach einer neuen Sozialwissenschaft, nach neuen sozialen Gesetzen, die diese Bedingungen schaffen sollen

ดังนั้นพวกเขาจึงค้นหาสังคมศาสตร์ใหม่ตามกฎทางสังคมใหม่ที่จะสร้างเงื่อนไขเหล่านี้

historisches Handeln besteht darin, sich ihrem persönlichen erfinderischen Handeln zu beugen

การกระทำทางประวัติศาสตร์คือการยอมจำนนต่อการกระทำที่สร้างสรรค์ส่วนบุคคลของพวกเขา

Historisch geschaffene Emanzipationsbedingungen sollen phantastischen Verhältnissen weichen

เงื่อนไขการปลดปล่อยที่สร้างขึ้นในอดีตคือการยอมจำนนต่อเงื่อนไขที่ยอดเยี่ยม

und die allmähliche, spontane Klassenorganisation des Proletariats soll der Organisation der Gesellschaft weichen

และการจัดระเบียบชนชั้นอย่างค่อยเป็นค่อยไปและเป็นธรรมชาติของชนชั้นกรรมาชีพคือการยอมจำนนต่อองค์กรของสังคม

die Organisation der Gesellschaft, die von diesen Erfindern eigens ersonnen wurde

องค์กรของสังคมที่ประดิษฐ์ขึ้นเป็นพิเศษโดยนักประดิษฐ์เหล่านี้

Die zukünftige Geschichte löst sich in ihren Augen in die Propaganda und die praktische Durchführung ihrer sozialen Pläne auf

ประวัติศาสตร์ในอนาคตแก้ไขตัวเองในสายตาของพวกเขาในการโฆษณาชวนเชื่อและการดำเนินการตามแผนทางสังคมของพวกเขาในทางปฏิบัติ

Bei der Ausarbeitung ihrer Pläne sind sie sich bewußt, daß sie sich in erster Linie um die Interessen der Arbeiterklasse kümmern

ในการก่อตัวของแผนของพวกเขาพวกเขามีจิตสำนึกในการดูแลผลประโยชน์ของชนชั้นแรงงานเป็นหลัก

Nur unter dem Gesichtspunkt, die leidendste Klasse zu sein, existiert das Proletariat für sie

จากมุมมองของการเป็นชนชั้นกรรมาชีพที่ทุกข์ทรมานที่สุดเท่านั้นที่ชนชั้นกรรมาชีพดำรงอยู่เพื่อพวกเขา

Der unentwickelte Zustand des Klassenkampfes und ihre eigene Umgebung prägen ihre Meinungen

สภาวะที่ยังไม่พัฒนาของการต่อสู้ทางชนชั้นและสภาพแวดล้อมของพวกเขาเองแจ้งความคิดเห็นของพวกเขา

Sozialisten dieser Art halten sich allen Klassengegensätzen weit überlegen

นักสังคมนิยมประเภทนี้คิดว่าตัวเองเหนือกว่าความเป็นปฏิปักษ์ทางชนชั้นทั้งหมด

Sie wollen die Lage jedes Mitglieds der Gesellschaft verbessern, auch die der Begünstigten

พวกเขาต้องการปรับปรุงสภาพของสมาชิกทุกคนในสังคม แม้กระทั่งสภาพของคนที่ชื่นชอบที่สุด

Daher appellieren sie gewöhnlich an die Gesellschaft als Ganzes, ohne Unterschied der Klasse

ดังนั้นพวกเขาจึงดึงดูดสังคมโดยรวมเป็นนิสัยโดยไม่แบ่งแยกชนชั้น

Ja, sie appellieren an die Gesellschaft als Ganzes, indem sie die herrschende Klasse bevorzugen

ไม่ พวกเขาดึงดูดสังคมโดยรวมโดยชอบชนชั้นปกครอง

Für sie ist alles, was es braucht, dass andere ihr System verstehen

สำหรับพวกเขาสิ่งที่พวกเขาต้องการคือให้ผู้อื่นเข้าใจระบบของพวกเขา

Denn wie können die Menschen nicht erkennen, dass der bestmögliche Plan für den bestmöglichen Zustand der Gesellschaft ist?

เพราะผู้คนจะล้มเหลวในการมองว่าแผนที่ดีที่สุดเท่าที่จะเป็นไปได้คือเพื่อสภาวะที่ดีที่สุดของสังคมได้อย่างไร?

Daher lehnen sie jede politische und vor allem jede revolutionäre Aktion ab

ดังนั้นพวกเขาจึงปฏิเสธการกระทำทางการเมืองทั้งหมด

และโดยเฉพาะอย่างยิ่งการปฏิวัติทั้งหมด

Sie wollen ihre Ziele mit friedlichen Mitteln erreichen

พวกเขาปรารถนาที่จะบรรลุจุดจบของตนด้วยวิธีสันติ

Sie bemühen sich durch kleine Experimente, die notwendigerweise zum Scheitern verurteilt sind

พวกเขาพยายามโดยการทดลองเล็กๆ น้อยๆ

ซึ่งจำเป็นต้องถึงวาระที่จะล้มเหลว

und durch die Kraft des Beispiels versuchen sie, den Weg für das neue soziale Evangelium zu ebnen

และด้วยพลังของตัวอย่างพวกเขาพยายามปูทางไปสู่พระกิตติคุณทางสังคมใหม่

Welch phantastische Bilder von der zukünftigen Gesellschaft, gemalt in einer Zeit, in der sich das Proletariat noch in einem sehr unterentwickelten Zustand befindet

ภาพมหัศจรรย์ของสังคมในอนาคต

วาดในช่วงเวลาที่ชนชั้นกรรมาชีพยังอยู่ในสถานะที่ยังไม่พัฒนามาก

und sie hat immer noch nur eine phantastische Vorstellung von ihrer eigenen Stellung

และมันยังคงมีเพียงแนวคิดที่น่าอัศจรรย์เกี่ยวกับตำแหน่งของตัวเอง

aber ihre ersten instinktiven Sehnsüchte entsprechen den Sehnsüchten des Proletariats

แต่ความปรารถนาโดยสัญชาตญาณแรกของพวกเขาสอดคล้องกับความปรารถนาของชนชั้นกรรมาชีพ

Beide sehnen sich nach einem allgemeinen Umbau der Gesellschaft

ทั้งคู่โหยหาการฟื้นฟูสังคมโดยทั่วไป

Aber diese sozialistischen und kommunistischen Veröffentlichungen enthalten auch ein kritisches Element

แต่สิ่งพิมพ์สังคมนิยมและคอมมิวนิสต์เหล่านี้ก็มีองค์ประกอบที่สำคัญเช่นกัน

Sie greifen jedes Prinzip der bestehenden Gesellschaft an

พวกเขาโจมตีทุกหลักการของสังคมที่มีอยู่

Daher sind sie voll von den wertvollsten Materialien für die Aufklärung der Arbeiterklasse

ดังนั้นพวกเขาจึงเต็มไปด้วยวัสดุที่มีค่าที่สุดสำหรับการตรัสรู้ของชนชั้นแรงงาน

Sie schlagen die Abschaffung der Unterscheidung zwischen Stadt und Land und der Familie vor

พวกเขาเสนอให้ยกเลิกความแตกต่างระหว่างเมืองและชนบทและครอบครัว

die Abschaffung des Gewerbetreibens für Rechnung von Privatpersonen

การยกเลิกการดำเนินอุตสาหกรรมเพื่อบัญชีของเอกชน

und die Abschaffung des Lohnsystems und die Proklamation des sozialen Friedens

และการยกเลิกระบบค่าจ้างและการประกาศความสามัคคีทางสังคม

die Verwandlung der Funktionen des Staates in eine bloße Aufsicht über die Produktion

การเปลี่ยนหน้าที่ของรัฐเป็นเพียงการกำกับดูแลการผลิต

Alle diese Vorschläge deuten einzig und allein auf das Verschwinden der Klassengegensätze hin

ข้อเสนอทั้งหมดนี้ชี้ให้เห็นถึงการหายไปของความเป็นปฏิปักษ์ทา
งชนชั้นเท่านั้น

Klassengegensätze waren damals gerade erst im Entstehen begriffen

ความเป็นปฏิปักษ์ทางชนชั้นในเวลานั้นเพิ่งเกิดขึ้น

In diesen Veröffentlichungen werden diese Klassengegensätze nur in ihren frühesten, undeutlichen und unbestimmten Formen anerkannt

ในสิ่งพิมพ์เหล่านี้ความเป็นปฏิปักษ์ทางชนชั้นเหล่านี้ได้รับการยอ
มรับในรูปแบบที่เก่าแก่ที่สุดไม่ชัดเจนและไม่ได้กำหนดไว้เท่านั้น

Diese Vorschläge haben also rein utopischen Charakter

ข้อเสนอเหล่านี้จึงมีลักษณะยูโทเปียล้วนๆ

Die Bedeutung des kritisch-utopischen Sozialismus und des Kommunismus steht in einem umgekehrten Verhältnis zur historischen Entwicklung

ความสำคัญของลัทธิสังคมนิยมและคอมมิวนิสต์เชิงวิพากษ์มีความ
สัมพันธ์ผกผันกับการพัฒนาทางประวัติศาสตร์

Der moderne Klassenkampf wird sich entwickeln und weiter konkrete Gestalt annehmen

การต่อสู้ทางชนชั้นสมัยใหม่จะพัฒนาและยังคงเป็นรูปเป็นร่างที่ชั
ดเจน

Dieses fantastische Ansehen des Wettbewerbs wird jeden praktischen Wert verlieren

สถานะที่ยอดเยี่ยมจากการแข่งขันนี้จะสูญเสียคุณค่าในทางปฏิบัติ
ทั้งหมด

Diese phantastischen Angriffe auf die Klassengegensätze verlieren jede theoretische Rechtfertigung

การโจมตีอันน่าอัศจรรย์เหล่านี้ต่อความเป็นปฏิปักษ์ทางชนชั้นจะสูญเสียเหตุผลทางทฤษฎีทั้งหมด

Die Urheber dieser Systeme waren in vielerlei Hinsicht revolutionär

ผู้ริเริ่มระบบเหล่านี้เป็นการปฏิวัติในหลาย ๆ ด้าน

Aber ihre Jünger haben in jedem Fall bloße reaktionäre Sekten gebildet

แต่สาวกของพวกเขาได้ก่อตั้งนิกายปฏิกิริยาในทุกกรณี

Sie halten an den ursprünglichen Ansichten ihrer Meister fest

พวกเขายึดมั่นในมุมมองดั้งเดิมของเจ้านายอย่างแน่นหนา

Aber diese Anschauungen stehen im Gegensatz zur fortschreitenden geschichtlichen Entwicklung des Proletariats

แต่มุมมองเหล่านี้ตรงกันข้ามกับการพัฒนาทางประวัติศาสตร์ที่ก้าวหน้าของชนชั้นกรรมาชีพ

Sie bemühen sich daher, und zwar konsequent, den Klassenkampf abzustumpfen

ดังนั้นพวกเขาจึงพยายามและอย่างสม่ำเสมอเพื่อทำให้การต่อสู้ทางงชนชั้นตาย

Und sie bemühen sich konsequent, die Klassengegensätze zu versöhnen

และพวกเขาพยายามอย่างสม่ำเสมอที่จะประนีประนอมความเป็นปฏิปักษ์ทางชนชั้น

Noch träumen sie von der experimentellen Umsetzung ihrer gesellschaftlichen Utopien

พวกเขายังคงใฝ่ฝันที่จะทดลองตระหนักถึงยูโทเปียทางสังคมของพวกเขา

sie träumen immer noch davon, isolierte "Phalanster" zu gründen und "Heimatkolonien" zu gründen

พวกเขายังคงใฝ่ฝันที่จะก่อตั้ง "ฟาลันสเตอร์" ที่โดดเดี่ยวและก่อตั้ง "อาณานิคมบ้านเกิด"

sie träumen davon, eine "Kleine Ikaria" zu errichten – Duodecimo-Ausgaben des Neuen Jerusalem

พวกเขาใฝ่ฝันที่จะจัดตั้ง "Little Icaria" ซึ่งเป็นรุ่นสองฉบับของเยรูซาเล็มใหม่

Und sie träumen davon, all diese Luftschlösser zu verwirklichen

และพวกเขาใฝ่ฝันที่จะตระหนักถึงปราสาทเหล่านี้ทั้งหมดในอากาศ

Sie sind gezwungen, an die Gefühle und den Geldbeutel der Bourgeoisie zu appellieren

พวกเขาถูกบังคับให้ดึงดูดความรู้สึกและกระเป๋าเงินของชนชั้นนายทุน

Nach und nach sinken sie in die Kategorie der oben dargestellten reaktionären konservativen Sozialisten

พวกเขาจมลงไปในหมวดหมู่ของนักสังคมนิยมอนุรักษ์นิยมปฏิกิริยาที่ปรากฏข้างต้น

sie unterscheiden sich von diesen nur durch systematischere Pedanterie

พวกเขาแตกต่างจากสิ่งเหล่านี้โดยอวดอ้างอย่างเป็นระบบมากขึ้น

und sie unterscheiden sich durch ihren fanatischen und abergläubischen Glauben an die Wunderwirkungen ihrer Sozialwissenschaft

และพวกเขาแตกต่างกันด้วยความเชื่อที่คลั่งไคล้และไสยศาสตร์ในผลอัศจรรย์ของสังคมศาสตร์ของพวกเขา

Sie widersetzen sich daher gewaltsam jeder politischen Aktion der Arbeiterklasse

ดังนั้นพวกเขาจึงต่อต้านการกระทำทางการเมืองทั้งหมดในส่วนของชนชั้นแรงงานอย่างรุนแรง

ein solches Handeln kann ihrer Meinung nach nur aus blindem Unglauben an das neue Evangelium resultieren

การกระทำดังกล่าวอาจเป็นผลมาจากความไม่เชื่อในพระกิตติคุณใหม่อย่างมืดบอดเท่านั้น

Die Owenisten in England und die Fourieristen in Frankreich stehen den Chartisten und den "Réformisten" entgegen

ชาวโอเวนต์ในอังกฤษและฟูริเยร์ในฝรั่งเศสตามลำดับต่อต้าน Chartists และ "Réformistes"

Stellung der Kommunisten zu den verschiedenen bestehenden Oppositionsparteien

จุดยืนของคอมมิวนิสต์ที่เกี่ยวข้องกับพรรคฝ่ายค้านที่มีอยู่ต่างๆ

Abschnitt II hat die Beziehungen der Kommunisten zu den bestehenden Arbeiterparteien deutlich gemacht

ส่วนที่ 2

ได้ชี้แจงความสัมพันธ์ของคอมมิวนิสต์กับพรรคชนชั้นแรงงานที่มี

อยู่อย่างชัดเจน

wie die Chartisten in England und die Agrarreformer in Amerika

เช่น Chartists ในอังกฤษ และนักปฏิรูปเกษตรกรรมในอเมริกา

Die Kommunisten kämpfen für die Erreichung der unmittelbaren Ziele

คอมมิวนิสต์ต่อสู้เพื่อให้บรรลุเป้าหมายในทันที

Sie kämpfen für die Durchsetzung der momentanen Interessen der Arbeiterklasse

พวกเขาต่อสู้เพื่อบังคับใช้ผลประโยชน์ชั่วขณะของชนชั้นแรงงาน

Aber in der politischen Bewegung der Gegenwart repräsentieren und kümmern sie sich auch um die Zukunft dieser Bewegung

แต่ในขบวนการทางการเมืองในปัจจุบัน

พวกเขายังเป็นตัวแทนและดูแลอนาคตของขบวนการนั้น

In Frankreich verbünden sich die Kommunisten mit den Sozialdemokraten

ในฝรั่งเศสคอมมิวนิสต์เป็นพันธมิตรกับพรรคสังคมประชาธิปไตย

und sie positionieren sich gegen die konservative und radikale Bourgeoisie

และพวกเขาวางตำแหน่งตัวเองต่อต้านชนชั้นนายทุนอนุรักษ์นิยมและหัวรุนแรง

sie behalten sich jedoch das Recht vor, eine kritische Position gegenüber Phrasen und Illusionen einzunehmen, die traditionell aus der großen Revolution überliefert sind

อย่างไรก็ตาม

พวกเขาขอสงวนสิทธิ์ในการดำรงตำแหน่งที่สำคัญเกี่ยวกับวลีและภาพลวงตาที่สืบทอดมาจากการปฏิวัติครั้งใหญ่

In der Schweiz unterstützt man die Radikalen, ohne dabei aus den Augen zu verlieren, dass diese Partei aus antagonistischen Elementen besteht

ในสวิตเซอร์แลนด์พวกเขาสนับสนุน Radicals

โดยไม่มองข้ามความจริงที่ว่าพรรคนี้ประกอบด้วยองค์ประกอบที่เปืนปฏิปักษ์

teils von demokratischen Sozialisten im französischen Sinne, teils von radikaler Bourgeoisie

ส่วนหนึ่งของสังคมนิยมประชาธิปไตยในความหมายของฝรั่งเศส

ส่วนหนึ่งของชนชั้นนายทุนหัวรุนแรง

In Polen unterstützen sie die Partei, die auf einer Agrarrevolution als Hauptbedingung für die nationale Emanzipation beharrt

ในโปแลนด์พวกเขาสนับสนุนพรรคที่ยืนกรานให้มีการปฏิวัติเกษตรกรรมเป็นเงื่อนไขหลักสำหรับการปลดปล่อยชาติ

jene Partei, die 1846 den Krakauer Aufstand angezettelt hatte

พรรคที่ยุยงให้เกิดการจลาจลของคราคูฟในปี พ.ศ. 2389

In Deutschland kämpft man mit der Bourgeoisie, wenn sie revolutionär handelt

ในเยอรมนีพวกเขาต่อสู้กับชนชั้นนายทุนเมื่อใดก็ตามที่กระทำการในลักษณะปฏิวัติ

gegen die absolute Monarchie, das feudale Eichhörnchen und das Kleinbourgeoisie

ต่อต้านระบอบสมบูรณาญาสิทธิราชย์ Squirearcy ศักดินา และชนชั้นนายทุนขนาดเล็ก

Aber sie hören nicht auf, der Arbeiterklasse auch nur einen Augenblick lang eine bestimmte Idee einzuflößen

แต่พวกเขาไม่เคยหยุดที่จะปลูกฝังความคิดเฉพาะอย่างหนึ่งให้กับชนชั้นแรงงานแม้แต่ชั่วขณะเดียว

die klarste Erkenntnis des feindlichen Antagonismus zwischen Bourgeoisie und Proletariat

การรับรู้ที่ชัดเจนที่สุดเท่าที่จะเป็นไปได้ของความเป็นปฏิปักษ์ที่เป็นศัตรูระหว่างชนชั้นนายทุนและชนชั้นกรรมาชีพ

damit die deutschen Arbeiter sofort von den ihnen zur Verfügung stehenden Waffen Gebrauch machen können

เพื่อให้คนงานเยอรมันสามารถใช้อาวุธได้ทันที

die sozialen und politischen Bedingungen, die die Bourgeoisie mit ihrer Herrschaft notwendigerweise einführen muss

เงื่อนไขทางสังคมและการเมืองที่ชนชั้นนายทุนจำเป็นต้องแนะนำพร้อมกับอำนาจสูงสุดของมัน

der Sturz der reaktionären Klassen in Deutschland ist unvermeidlich

การล่มสลายของชนชั้นปฏิกิริยาในเยอรมนีเป็นสิ่งที่หลีกเลี่ยงไม่ได้

und dann kann der Kampf gegen die Bourgeoisie selbst sofort beginnen

จากนั้นการต่อสู้กับชนชั้นนายทุนเองก็อาจเริ่มต้นขึ้นทันที

Die Kommunisten richten ihre Aufmerksamkeit hauptsächlich auf Deutschland, weil dieses Land am Vorabend einer Bourgeoisie Revolution steht

คอมมิวนิสต์หันมาสนใจเยอรมนีเป็นหลัก

เพราะประเทศนั้นอยู่ในช่วงก่อนการปฏิวัติชนชั้นนายทุน

eine Revolution, die unter den fortgeschritteneren Bedingungen der europäischen Zivilisation durchgeführt werden muss

การปฏิวัติที่จะต้องดำเนินการภายใต้เงื่อนไขที่ก้าวหน้ากว่าของอา

รยธรรมยุโรป

Und sie wird mit einem viel weiter entwickelten Proletariat durchgeführt werden

และมันจะต้องดำเนินการกับชนชั้นกรรมาชีพที่พัฒนาขึ้นมาก

ein Proletariat, das weiter fortgeschritten war als das Englands im 17. und Frankreichs im 18. Jahrhundert

ชนชั้นกรรมาชีพที่ก้าวหน้ากว่าอังกฤษในศตวรรษที่สิบเจ็ด

และของฝรั่งเศสในศตวรรษที่สิบแปด

und weil die Bourgeoisie Revolution in Deutschland nur das Vorspiel zu einer unmittelbar folgenden proletarischen Revolution sein wird

และเพราะการปฏิวัติชนชั้นนายทุนในเยอรมนีจะเป็นเพียงโหมโรง

ของการปฏิวัติชนชั้นกรรมาชีพทันที

Kurz gesagt, die Kommunisten unterstützen überall jede revolutionäre Bewegung gegen die bestehende soziale und politische Ordnung der Dinge

กล่าวโดยย่อ

คอมมิวนิสต์ทุกหนทุกแห่งสนับสนุนทุกขบวนการปฏิวัติต่อต้านร

ะเบียบทางสังคมและการเมืองที่มีอยู่

In all diesen Bewegungen rücken sie als Leitfrage die Eigentumsfrage in den Vordergrund

ในการเคลื่อนไหวทั้งหมดเหล่านี้พวกเขานำมาสู่ด้านหน้าเป็นคำถามนำในแต่ละคำถามเกี่ยวกับทรัพย์สิน

unabhängig davon, wie hoch der Entwicklungsstand in diesem Land zu diesem Zeitpunkt ist

ไม่ว่าระดับการพัฒนาในประเทศนั้นจะเป็นอย่างไรในขณะนั้น

Schließlich setzen sie sich überall für die Vereinigung und Zustimmung der demokratischen Parteien aller Länder ein

ในที่สุดพวกเขาก็ทำงานทุกที่เพื่อสหภาพแรงงานและข้อตกลงของพรรคประชาธิปไตยของทุกประเทศ

Die Kommunisten verschmähen es, ihre Ansichten und Ziele zu verheimlichen

คอมมิวนิสต์ดูถูกที่จะปกปิดมุมมองและจุดมุ่งหมายของพวกเขา

Sie erklären offen, dass ihre Ziele nur durch den gewaltsamen Umsturz aller bestehenden gesellschaftlichen Verhältnisse erreicht werden können

พวกเขาประกาศอย่างเปิดเผยว่าจุดจบของพวกเขาสามารถบรรลุได้โดยการบังคับโค่นล้มเงื่อนไขทางสังคมที่มีอยู่ทั้งหมด

Mögen die herrschenden Klassen vor einer kommunistischen Revolution zittern

ปล่อยให้ชนชั้นปกครองสั่นสะเทือนกับการปฏิวัติคอมมิวนิสต์

Die Proletarier haben nichts zu verlieren als ihre Ketten

ชนชั้นกรรมาชีพไม่มีอะไรจะเสียนอกจากโซ่ตรวนของพวกเขา

Sie haben eine Welt zu gewinnen

พวกเขามีโลกที่จะชนะ

ARBEITER ALLER LÄNDER, VEREINIGT EUCH!

คนทำงานจากทุกประเทศ รวมตัวกัน!

www.ingramcontent.com/pod-product-compliance
Lightning Source LLC
Chambersburg PA
CBHW011734020426
42333CB00024B/2890